学び
グーンと充

小学校音楽

授業プラン
&
ワークシート

中学年

津田　正之
酒井　美恵子　編著

コピーして
そのまま
使える！

新学習
指導要領
対応！

JN038436

明治図書

はじめに

　本書を開いてくださいました皆様，ありがとうございます。

　本書は，平成29（2017）年に告示された小学校学習指導要領音楽の目指す資質・能力を子供たちが身に付けることに役立つよう作成しました。構成と活用のポイントを紹介します。

■「新学習指導要領（平成29年告示）を実現する授業づくりのポイント」

　新学習指導要領に基づいて授業をつくる際の留意点を分かりやすく説明しました。ここを読んでから，小学校学習指導要領解説音楽編をお読みになると，理解が深まると思います。

■具体的なワークシートを紹介するページ

　左ページに身に付く資質・能力と，ワークシートの活用方法を示し，そして右ページにワークシートを載せました。なお，　ワークシートで身に付く主な力　は，「知識」【知】，「技能」【技】，「思考力，判断力，表現力等」【思判表】を示しています。併せて「A表現(1) 歌唱 ア，イ，ウ(イ)，〔共通事項〕(1)ア」「旋律，呼びかけとこたえ」のように，対応する　学習指導要領　の事項と，思考・判断のよりどころとなる主な音楽を形づくっている　要素　を示しました。□は本ワークに対応する力です。「学びに向かう力，人間性等」については特に記していませんが，児童が学習内容に興味・関心をもち，主体的・協働的に粘り強く学習活動に取り組もうとする態度を育てることは，いずれの学習でも重要です。

■コラムのページ

　新学習指導要領の理解や，音楽科における領域・分野の理解が深まるよう，各巻5つのコラムを載せました。授業改善に役立たせていただけたら嬉しく思います。

■まとめ（音楽の時間の振り返り）

　各学年末に，児童が音楽の授業を振り返るページです。どのように振り返るかを捉えることは，授業者が自身の授業を振り返ることにつながります。ご活用ください。

■まとめ（音楽遊び・音楽クイズ）

　読譜や記譜に慣れてほしいとの願いから作成したページです。児童が楽譜と仲良くなれるよう，児童全員が正答できるようにお使いいただければ幸いです。

　なお，まとめのページでは*斜字*が出てきます。ホワイトで消して，必要な事柄を使用する先生方に書き込んでいただけるようになっています。

　最後に，素晴らしい授業プランやコラムを書いてくださいました執筆者の皆様と，迅速に美しく分かりやすく編集してくださった木村悠さんに心から御礼申し上げます。

2020年4月

津田　正之

酒井美恵子

もくじ

音楽づくり

鑑賞

英 語 の 歌

ま と め

新学習指導要領(平成29年告示)を実現する授業づくりの ポイント

「音楽の授業でどんなことを学んだの？」

児童に聞いてみると，次のような声が返ってきました。

「歌を歌った。ふじさん」「リコーダーやった（吹いた）」「音楽を聴いた」……

これらは表現及び鑑賞の活動です。児童にとって，歌う，演奏する，音楽を聴くことが，学んだことの中で大きな位置を占めているからでしょう。でも，学んだことの自覚が，活動や曲の名前に留まっているのは好ましいことではありません。音楽の学びを充実させるためには，音楽活動を通して「児童が何を身に付けるのか」という視点が重要です。学校教育において身に付ける力は，「資質・能力」と言われています。

新学習指導要領改訂のキーワードの１つが「資質・能力の明確化」です。この点は，音楽科の授業づくりの大切なポイントになります。

1 音楽科で育成する資質・能力

教科の目標の冒頭には，音楽科で育成する資質・能力が次のように示されました。

「生活や社会の中の音や音楽と豊かに関わる資質・能力」

児童の生活や，生活を営む社会の中には，様々な音や音楽が存在しています。生活や社会の中の音や音楽と豊かに関わる資質・能力を育成し，児童が自ら生活や社会の中の音や音楽との関わりを築き，生活を豊かにしていくことが，音楽科の果たすべき大切な役割の一つになります。

では，「生活や社会の中の音や音楽と豊かに関わる資質・能力」とは何を指すのでしょう。それは，**教科の目標**(1)(2)(3)に示されています。

---

(1) 曲想と音楽の構造などとの関わりについて理解するとともに，表したい音楽表現をするために必要な技能を身に付けるようにする。 ―〔知識及び技能〕

(2) 音楽表現を工夫することや，音楽を味わって聴くことができるようにする。
　　　　　　　　　　　　　　　　　　　　　　　―〔思考力，判断力，表現力等〕

(3) 音楽活動の楽しさを体験することを通して，音楽を愛好する心情と音楽に対する感性を育むとともに，音楽に親しむ態度を養い，豊かな情操を培う。―〔学びに向う力，人間性等〕

　　　　　　　　　　　　　　　　　　　　　　　　　　　　　※―〔 〕筆者補筆

―〔 〕の部分に着目してください。教科の目標には，育成する資質・能力が，(1)〔知識及び技能〕，(2)〔思考力，判断力，表現力等〕，(3)〔学びに向う力，人間性等〕の三つの柱に沿って示されています。学年の目標も同様です。一方，内容は，Ａ表現（(1)歌唱，(2)器楽，(3)音楽

づくりの各分野），B鑑賞，〔共通事項〕の枠組みにおいて，ア〔思考力，判断力，表現力等〕，イ〔知識〕，ウ〔技能〕の資質・能力別に示されています（内容一覧は p.12 を参照）。

では，それぞれどのような資質・能力なのか，目標や内容に照らしながらお話します。

① 知識の習得──関わりの理解

学生に「音楽科で育成する知識ってなんだろう」と聞くと，次のような答えが返ってきます。「音符，休符，記号の名前」「作曲家の名前」「曲の名前や背景」「楽器の名前」……。

これらはもちろん音楽の知識であり必要なものですが，音楽科で育成する知識とは，単に事柄を知ることだけではありません。児童一人ひとりが，学習の過程において，音楽に対する感性を働かせて感じ取り理解するものです。

「A表現」及び「B鑑賞」では，全ての活動において「**曲想と音楽の構造などとの関わり**」について気付いたり理解したりすることに関する具体的な内容が，事項イに示されています。「など」には，歌詞の内容も含まれます。例えば，歌唱分野における知識に関する資質・能力とは，「**曲想と音楽の構造との関わり**」「**曲想と歌詞の内容との関わり**」の理解です。

具体的にはどのようなことでしょう。6年生の共通教材「ふるさと」で考えてみましょう。

- 落ち着いた感じがする。それは，1，2，4段目が同じリズムで，1，2段目は旋律の動きがなめらかだからだね。
- 3段目は動きのある感じ。それはリズムが変わり音の上がり下がりが大きいから。
- 4段目の最初は高い音が続いているから，力強い感じがする。
- 心にしみる感じがするのは，歌詞にふるさとを懐かしむ気持ちが込められているから。
- 1，2，3番と段々とも盛り上がっている感じがするのは，歌詞が「過去」（1番）－「現在」（2番）－「未来」（3番）となっているからだね。

このような関わりに，児童が自ら気付いたり理解したりすることを求めているのです。

鑑賞では「曲想」を「曲想及びその変化」（第3学年〜6学年）と，丁寧に示しています。曲の雰囲気や表情は曲の流れの中で変化することを，児童が自ら感じ取ることを重視しています。

② 技能の習得──思考力，判断力，表現力等の育成と関連を図ること

音楽科における「技能」とは，歌を歌う，楽器を演奏する，音楽をつくるといった音楽表現の技能です。「A表現」の「技能」については，**表したい（思いや意図に合った）音楽表現をするために必要となる具体的な内容**が，歌唱，器楽，音楽づくりの事項ウに示されています。技能の習得においては，「弾んだ感じとなめらかな感じのよさが伝わるように，吹き方を工夫してリコーダーを演奏したい」のように，児童が表したい思いや意図をもち，それを実現する

ために，タンギングやポルタートなど音色や響きに気を付けて演奏する技能を習得することの必要性を実感できるようにすることが求められます。

③　思考力，判断力，表現力等の育成──知識や技能を得たり生かしたりして

「Ａ表現」領域では，どのように歌うか，どのように演奏するか，どのように音楽をつくるかについて思いや意図をもつこと，「Ｂ鑑賞」領域では，曲や演奏のよさなどを見いだし，曲全体を味わって聴くことに関する具体的な内容が，事項アに示されています。

事項のアの冒頭部分には，「知識や技能を得たり生かしたりして（鑑賞の知識のみ）」と示されています。すなわち，学習の過程において，知識や技能の習得及び活用と関わらせながら，一体的に育成することが重要であることが強調されています。

表現領域における思いや意図とは，音楽表現に対する自分の考えです。思いや意図をもつとはどのようなことでしょう。4年生の共通教材「とんび」について例示してみましょう。

> ・「とんび」がゆったりと大空をとんでいる様子が伝わるように，<u>1，2，4段目は，旋律が上がっているところはクレシェンド，下がっているところはデクレシェンドで，2小節のフレーズをなめらかに歌おう。</u>
> ・<u>3段目は，二羽の「とんび」が呼びかけ合いながら遠ざかっている感じが伝わるように，強く，やや弱く，やや強く，弱く，歌おう。</u>

表現の方向性が「思い」，そのための具体的な方法が「意図」といったニュアンスです。こうしてみると，「思い」と「意図」は両方とも大切になります。また，このような思いや意図は，知識（曲の特徴についての気付きや理解）や技能（自然で無理のない歌い方等）を習得したり活用したりする学習と往還しながら，深められるものです。

一方，鑑賞領域における曲や演奏のよさなどを見いだし，曲全体を味わって聴くとは，どのようなことでしょうか。下記は，4年生の「ノルウェー舞曲第2番」（グリーグ作曲）の鑑賞の授業で，Ａ児が曲のよさを書いたワークシートの記述です。

> この曲の一番おもしろいところは，まん中でたくさんの楽器が大きな音ではげしい感じでえんそうし，急に止まって，さいしょにもどるところです。

Ａ児の記述をみると，「まん中で」「さいしょにもどるところ」などから曲全体の音楽的な特徴を見通して，自分なりに曲のよさを述べていることが読み取れます。Ａ児は，鑑賞中も，じっくり集中して音楽を聴いている姿がみられました。知識を得たり生かしたりしながら，曲のよさを見いだし，曲全体を味わって聴く資質・能力が育っている状況を見取ることができます。

このような学習を支えるのが〔共通事項〕(1)の事項アの学習です。アでは，題材において思考・判断のよりどころとなる音楽を形づくっている要素について，聴き取ったことと感じ取ったこととの関わりについて考えることが示されています。このような学習が，曲想と音楽の構造などとの関わりについて理解したり，音楽表現に対する思いや意図をもったり，曲や演奏のよさなどを見いだし，曲全体を味わって聴いたりする学習を意味あるものにします。

④ 「学びに向う力，人間性等」の涵養――主体的，協働的に学習に取り組むこと

教科及び学年の目標(3)に示された資質・能力です。もっとも教科の目標にある「感性」や「豊かな情操」は，題材の目標にはなじみません。各題材レベルでは，学年の目標を意識するとよいでしょう。例えば，第5学年及び第6学年の目標(3)は，「主体的に音楽に関わり，協働して音楽活動をする楽しさを味わいながら，様々な音楽に親しむとともに，音楽経験を生かして生活を明るく潤いのあるものにしようとする態度を養う」と示されています。

題材で扱う音楽の特徴などに興味・関心をもち，音楽活動を楽しみながら主体的・協働的に粘り強く学習に取り組もうとする資質・能力，音楽の授業での学びを生活に生かそうとする資質・能力の涵養などが大切となります。

なお，資質・能力の評価については，p.94のコラム「音楽科の学習評価」をご参照ください。

2 音楽科の授業（題材）の構成

次に，資質・能力を育成する音楽の授業をどのようにつくるか，について説明しましょう。

一連の授業をつくる実質的な単位が「題材」です。各題材を構成する単位が，歌唱，器楽，音楽づくり，鑑賞の活動です。下記は，活動ごとに各題材に盛り込むべき内容です。

まずそれぞれの領域・分野において，ア（思考力，判断力，表現力等），イ（知識），ウ（技能）の内容を相互に関わらせながら全て扱う（(ア)(イ)(ウ)については1つ以上）とともに，〔共通事項〕アとの関連を十分に図った題材を構成することが必要です。

```
○歌     唱：ア，イ，ウ＋〔共通事項〕ア
○器     楽：ア，イ，ウ＋〔共通事項〕ア
○音楽づくり：ア，イ，ウ＋〔共通事項〕ア
○鑑     賞：ア，イ　　＋〔共通事項〕ア
```

〔共通事項〕との関連では，思考・判断のよりどころとなる，音色，リズム，速度，呼びかけとこたえなど，主な音楽を形づくっている要素を明確にしておくことが必要です。なお，音楽づくりは「音遊びや即興的に表現する」活動（ア(ア)，イ(ア)，ウ(ア)），「音を音楽へと構成する」活動（ア(イ)，イ(イ)，ウ(イ)）の2つの活動からなります。2つの活動は両方とも大切ですが，どちらに重点を置いて題材を構成するのかについて，明らかにしておくことが必要です。

各活動を題材構成の単位とした上で，適宜，「歌唱－器楽」，「音楽づくり－鑑賞」のように，各領域や分野の関連を図った題材構成を工夫することも大切です。

3 「主体的・対話的で深い学び」で何を実現するのか

　「主体的・対話的で深い学び」とは，これまで成果を上げてきた優れた授業実践に見られる普遍的な視点であり，新学習指導要領における授業改善のキーワードです。これらは目的ではなく，資質・能力の育成が偏りなく実現できるようにするための「授業改善の視点」です。

　では，それぞれの視点から，どのように授業改善を図ることが大切なのでしょうか。

　「主体的な学び」で大切なのは，児童が，学習の見通しをもったり，学習したことを振り返り，学んだことや自分の変容を自覚したりできるようにして，次の学びにつなげることができるようにすることです。

　「対話的な学び」で大切なのは，児童が，他者との対話によって自分の考えなどを広げたり深めたりすることができるようにすることです。音楽科における対話は，音や音楽，言葉によるコミュニケーションです。言語だけではなく，音や音楽と一体的に対話をすることに，音楽の学びのよさがあります。また，ここでいう「他者との対話」とは，友達同士の対話だけでなく教師との対話，地域の方との対話，先哲（音楽をつくった人など）との対話など幅広く考えてみましょう。「この曲をつくった人（先哲）は，なぜこのような表現を考えたのかな」のように，時空を超えて，音楽をつくった人などとの対話も大切な視点になります。

　「深い学び」で大切なのは，学習の過程において「音楽的な見方・考え方」を働かせることができるようにすることです。音楽に対する感性を働かせ，音や音楽を，音楽を形づくっている要素とその働きの視点で捉え，捉えたことと，自己のイメージや感情，生活や文化などとを関連付けているとき，「音楽的な見方・考え方」が働いていると考えられます。

　では，音楽的な見方・考え方が働いているとは，具体的にどのような状況でしょう。

> 「『ヤーレン，ソーラン，ソーラン』のかけ声のリズム，『ハイハイ』や『どっこいしょ，どっこいしょ』の合いの手があるから，力強い表現になっているね」
> 「このうたの特徴は，ニシン漁で網を引く仕事から生まれているね」

　これは，ソーラン節の特徴について交流している場面の児童の発言です。音楽的な見方・考え方を働かせている一場面と言ってよいでしょう。音楽的な見方・考え方を働かせることによって，「ソーラン節」の曲の特徴についての理解を深めたり，音楽表現を工夫したり，よさなどを見いだして曲全体を味わって聴いたりする学習が充実するのです。

　冒頭で，音楽の学びの自覚が，活動や曲の名前だけに留まっているのは好ましいことではないと述べました。新学習指導要領の趣旨を生かした授業を工夫することによって，個々の曲や学習活動に即した資質・能力の高まりを，教師も児童も実感できるようにすること。このことが，音楽科の学びの真の充実につながると信じています。

小学校6学年を通して育てる内容一覧（高学年の内容を基に）

A 表現

(1) 歌唱の活動を通して，次の事項を身に付けることができるよう指導する。

　ア　曲の特徴にふさわしい歌唱表現を工夫し，思いや意図をもつこと。〔思考力，判断力，表現力等〕

　イ　曲想と音楽の構造や歌詞の内容との関わりについて理解すること。〔知識〕

　ウ　思いや意図に合った表現をするために必要な次の㋐から㋒までの技能を身に付けること。〔技能〕

　　㋐　聴唱・視唱の技能　　　㋑　自然で無理のない，響きのある歌い方で歌う技能

　　㋒　声を合わせて歌う技能

(2) 器楽の活動を通して，次の事項を身に付けることができるよう指導する。

　ア　曲の特徴にふさわしい器楽表現を工夫し，思いや意図をもつこと。〔思考力，判断力，表現力等〕

　イ　次の㋐及び㋑について理解すること。〔知識〕

　　㋐　曲想と音楽の構造との関わり　　　㋑　多様な楽器の音色や響きと演奏の仕方との関わり

　ウ　思いや意図に合った表現をするために必要な次の㋐から㋒までの技能を身に付けること。〔技能〕

　　㋐　聴奏・視奏の技能　　　　　　　㋑　音色や響きに気を付けて，楽器を演奏する技能

　　㋒　音を合わせて演奏する技能

(3) 音楽づくりの活動を通して，次の事項を身に付けることができるよう指導する。

　ア　次の㋐及び㋑をできるようにすること。〔思考力，判断力，表現力等〕

　　㋐　即興的に表現することを通して，音楽づくりの様々な発想を得ること。

　　㋑　音を音楽へと構成することを通して，どのように全体のまとまりを意識した音楽をつくるかについて思いや意図をもつこと。

　イ　次の㋐及び㋑について，それらが生み出すよさや面白さなどと関わらせて理解すること。〔知識〕

　　㋐　いろいろな音の響きやそれらの組合せの特徴　　㋑　音やフレーズのつなげ方や重ね方の特徴

　ウ　発想を生かした表現や，思いや意図に合った表現をするために必要な次の㋐及び㋑の技能を身に付けること。〔技能〕

　　㋐　設定した条件に基づいて，即興的に表現する技能　　㋑　音楽の仕組みを用いて，音楽をつくる技能

B 鑑賞

(1) 鑑賞の活動を通して，次の事項を身に付けることができるよう指導する。

　ア　曲や演奏のよさなどを見いだし，曲全体を味わって聴くこと。〔思考力，判断力，表現力等〕

　イ　曲想及びその変化と，音楽の構造との関わりについて理解すること。〔知識〕

〔共通事項〕

(1) 「A表現」及び「B鑑賞」の指導を通して，次の事項を身に付けることができるよう指導する。

　ア　音楽を形づくっている要素を聴き取り，それらの働きが生み出すよさや面白さ，美しさを感じ取りながら，聴き取ったことと感じ取ったこととの関わりについて考えること。〔思考力，判断力，表現力等〕

　イ　音楽を形づくっている要素及びそれらに関わる音符，休符，記号や用語について，音楽における働きと関わらせて理解すること。〔知識〕

※解説23－25頁から抜粋

歌唱

①「うさぎ」の日本らしい音階を味わって歌いましょう

歌唱／3年

🖥 授業の特徴	「うさぎ」の日本らしい音階を味わい，歌う表現へとつなげます。
📄 ワークシートで身に付く主な力	・曲想と音楽の構造や歌詞の表す情景との関わりについて気付く力【知】 ・範唱を聴いて歌ったり，楽譜を見て音の高低の動きを捉えたりして歌う力【技】
🧭 学習指導要領	A表現 (1) 歌唱ア，イ，ウ(ア)(イ)(ウ)，〔共通事項〕(1)ア
🧩 要素	旋律，音階，フレーズ，呼びかけとこたえ

1 学習の流れ

❶ ウェブの映像をみながら，十五夜について知ります。 ▶ ❷ 「うさぎ」の範唱を聴いて，手で音高を示しながらゆっくり歌います。 ▶ ❸ 「みてはねる」のメリスマ的な歌い方を練習します。 ▶ ❹ 前半（呼びかけ）と後半（こたえ）のグループに分けて歌います。

2 「うさぎ」について

　江戸時代から歌いつがれてきたわらべうたです。江戸時代の人々も，月面の模様をうさぎなどの神聖な動物に見立ててきたことが歌詞から分かります。十五夜は「中秋の名月」とも言い，秋の満月の夜です。月見をしたり，お団子を供えたり，ススキを飾る習慣があります。

3 準備

体験：お月見になじみのない児童も多いので，十五夜について，事前に知っておきます（右のサイトがおすすめです）。電子黒板などの大きな画面でみましょう。

サイト QR

4 学びやすい授業づくりのポイント

①この曲は，扱う時期がとても大切です。十五夜は旧暦の8月15日です。歌詞の雰囲気を味わえる季節（夏休み明けから9月半ば頃まで）に歌いましょう。

②**ワークシート1**の範唱は，先生が歌って聴かせてあげてください。子供に聴かせるときに，手の高さで音高を示すと，伴奏がなくても歌いやすいです。この歌はなめらかに歌いたいので，手の動きもなめらかな動きで示すようにしましょう。

③**ワークシート2**の「メリスマ」とは，1つの音節に多くの音符があてられる歌い方です。

④**ワークシート3**では，「呼びかけ」と「こたえ」になっていることに，児童が自分たちで歌ってみて気付くようにしましょう。

（小畑　千尋）

参考文献
・上笙一郎編（2005）『日本童謡事典』東京堂出版
・「和暮らしのススメ〜暮らしの歳時記を科学する〜」サイエンスチャンネル，JST 科学技術振興機構（2019.12.2検索）

「うさぎ」の日本らしい音かいをあじわって歌いましょう

年　　組　名前

1 「うさぎ」を２小せつずつ、先生の歌の後につづいて、ゆっくり歌ってみましょう。

ヒント：手の高さで音を示しながら歌うと、音ていがとりやすいですよ！

2 ７小せつ目からの「みてはーーねる」のところは、「は」に３つの音がついていますね。でも、「は、は、は」と歌うのではなく、一息で「は～あ～あ～」と歌います。「メリスマ」というカッコいい歌い方です。
日本の「みんよう」で、同じような歌い方をきいたことがある人もいるでしょう。練習してみましょう。

3 「うさぎ　うさぎ　何見て　はねる」とよびかけるグループと、「十五夜お月さま　見て　はねる」とこたえるグループにわかれて歌ってみましょう。どんなことを感じて歌いましたか。

2 「茶つみ」のひみつをさぐりましょう

🖥 **授業の特徴**	手合わせを通して，フレーズやリズムを確認しながら歌います。
📄 **ワークシートで 身に付く主な力**	・曲の雰囲気と音楽的な特徴との関わりに気付く力【知】
📖 **学習指導要領**	A表現 (1) 歌唱ア，イ，ウ(イ)，〔共通事項〕(1)ア，イ (𝄾 ♩ ♩ ♩. ♪)
🧩 **要素**	リズム，拍，フレーズ

1 学習の流れ

❶ 友達とペアになって手合わせをします。 ▶ **❷** 4つのフレーズが同じリズムであることに気付きます。 ▶ **❸** 付点のリズムの特徴に気付き，作曲者の意図を考えます。 ▶ **❹** 作曲者の意図を生かし，表現の工夫をして歌います。

2 準備

体験：①「おちゃらかほい」や「アルプス一万尺」など，色々な手合わせして遊ぶ体験をしておきましょう。

②ペットボトルのお茶の普及により，お茶の葉を知らない子供が増えているようです。お茶の葉を見たり，急須でお茶を入れて飲んだりする体験を位置付けたり，お茶を入れている動画を見て，「何をしているか」を考えさせたりするとよいでしょう。

3 学びやすい授業づくりのポイント

①範唱 CD の歌を模倣しながら歌いましょう。教科書の写真などを見て「茶つみ」のイメージをもちましょう。また，「八十八夜」など，難しい言葉についても確認をしましょう。

②**ワークシート■**を使って手合わせをします。遊んだ経験がある子供のまねをしたり，先生のまねをしたりしながら，拍にのって手遊びをしましょう。

③教科書の楽譜を使って，両手を合わせる「トントン」がフレーズの区切りであること，曲は4つのフレーズでできていること，それぞれのフレーズが同じリズムでできていることを確認します。

④**ワークシート2**を使って，2つの楽譜を歌い比べてみましょう。それぞれどのように感じるかを話し合ってから，「作曲者はどうして4分休符や付点のリズムをつけたのか」を考えます。「休符があると夏が来るのが待ち遠しいなという感じがする」「付点が付いている方がうれしい気持ちがする」などの答えが出るとよいですね。作曲者の意図をもとに，歌い方の工夫をしてみましょう。

(城 佳世)

「茶つみ」のひみつをさぐりましょう

年　　組　名前

1　友だちと手合わせして歌いましょう。

㋐　両手を合わせる。

㋑　自分の右手と友だちの右手を合わせる。

㋒　自分の左手と友だちの左手を合わせる。

㋓　自分の両手と友だちの両手を合わせる。

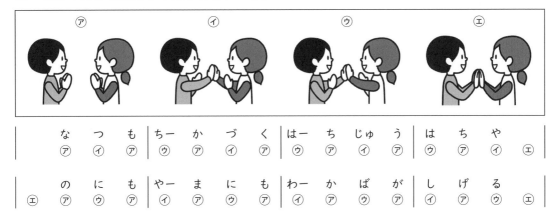

| な | つ | も | ちー | か | づく | はー | ち | じゅう | は | ち | や |
| ㋐ | ㋑ | ㋐ | ㋒㋐ | ㋐ | ㋑㋐ | ㋒㋐ | ㋐ | ㋑㋐ | ㋒㋐ | ㋐ | ㋑㋓ |

| の | に | も | やー | ま | に | も | わー | か | ば | が | し | げ | る |
| ㋓㋐ | ㋒ | ㋐ | ㋑㋐ | ㋐ | ㋒㋐ | ㋐ | ㋑㋐ | ㋐ | ㋒㋐ | ㋐ | ㋑㋐ | ㋒㋓ | |

2　①下の２つの楽ふを歌ってみましょう。

㋐　な　つ　も　ち　か　づく　は　ちじゅう　は　ちや

㋑　な　つ　も　ち　か　づく　は　ちじゅう　は　ちや

②㋐と㋑の楽ふのちがいを見つけて、ちがうところに〇をつけましょう。

③㋐は作曲者の楽ふです。作曲した人は、なぜ休ふを入れたり、付点のリズムを入れたりしたのでしょうか。

それは、

からです。

③ 様子を思い浮かべながら「春の小川」を歌いましょう

授業の特徴 歌詞や音楽的な特徴にふさわしい歌い方を工夫します。

ワークシートで身に付く主な力
・曲想と，音楽の構造との関わりに気付く力【知】
・ハ長調の楽譜を見て，音の高低の動きを捉えて歌う力【技】
・曲の特徴にふさわしい表現を工夫する力【思判表】

学習指導要領 Ａ表現 (1) 歌唱 ｱ, ｲ, ｳ(ｱ)ｲ, 〔共通事項〕(1)ｱ

要素 旋律，フレーズ，反復，変化

1 学習の流れ

❶「春の小川」の歌詞を味わったり，階名唱で歌ったりします。

➡

❷「春の小川」の旋律の流れや３小節が他より盛り上がる特徴を捉えます。

➡

❸ 1，2，4段目と3段目の特徴や歌詞の内容をふまえて，どのような声の感じで歌うかを考え，表現します。

2 「春の小川」について

　「春の小川」は，1912（大正元）年，尋常小学唱歌に掲載され，そのときの歌詞は「春の小川はさらさら流る」でしたが，その後「春の小川はさらさらいくよ」と口語体に修正されました。長く愛されている歌で，現在，東京都の代々木５丁目にこの曲の歌碑が建てられています。

3 準備

体験：教科書のイラストや春が感じられる絵や写真等を見ながら，曲全体の雰囲気を捉えて歌ったり，階名唱で明るいハ長調の曲想を味わったりしておきます。

教材：書画カメラと大画面

4 学びやすい授業づくりのポイント

①**ワークシート■**は，大画面に映して，歌いながら符頭を空中でなぞります。歌いながらが難しい場合は，教師が歌い，児童は旋律の流れに集中します。図のように両腕を上下に動かすとより旋律の動きを実感できます。

②**ワークシート２**の①では，1段目の1，2，3小節と同じ旋律を見つけます。2，4段に同じ旋律があります。そして，②では，3段目が異なる旋律であることに気付きます。

③**ワークシート**を配布して，**３**を書くようにしてもよいですし，児童の考えを教師が引き出して，教師が記入し，全員が大画面で確認し歌唱表現の工夫につなげる方法でもよいと思います。「3段目は他と違う旋律なので目立たせたい」「1，2，4段は優しく小川が流れる感じで歌いたい」などの児童の言葉から，様子を思い浮かべて歌えるようにします。　　（宮本　憲二）

様子を思いうかべながら「春の小川」を歌いましょう

年　　組　名前

1 「春の小川」を音ぷのたまをなぞりながら歌いましょう。

2 「春の小川」のとくちょうを見つけましょう。

①1だん目の1、2、3小せつと同じせんりつが2つあります。何だん目でしょう。

　だん目　　と　　　　　　だん目

②1だん目の1、2、3小せつとちがうせんりつが1つあります。何だん目でしょう。

　　　　　　だん目

3 「春の小川」をどのような声の感じで歌ったらよいかみんなで考えて、様子を思いうかべながら歌いましょう。

1、2、4だん目	
3だん目	

4 旋律の特徴を感じ取って「ふじ山」を伸びやかに歌いましょう

📖 授業の特徴 「ふじ山」の旋律の特徴を感じ取り，歌い方の工夫をします。伸びやかな声が出せるような表現を考えます。

📄 ワークシートで身に付く主な力
・曲想と，旋律の特徴や歌詞の内容との関わりに気付く力【知】
・「ふじ山」の特徴（旋律，歌詞）にふさわしい歌い方を考える力【思判表】

🎓 学習指導要領 A表現 (1) 歌唱ア，イ，ウ(イ)，〔共通事項〕(1)ア

✿ 要素 旋律，強弱，フレーズ

1 学習の流れ

❶ 「ふじ山」の歌詞を見て，どんな様子が想像できるか考えます。この音楽が表現していることを理解します。

❷ 音程に気を付けて歌います。ブレスの仕方にも注意します。

❸ 旋律の特徴を感じ取り，旋律が上がったり下がったりしていることを手を動かして理解します。

❹ 旋律の特徴をふまえて，伸びやかに歌いたいところや力強く歌いたいところを考えて歌います。

2 準備

体験：伸びやかで気持ちのよい声が出る体の使い方を経験しておきます。発声練習や自然で無理のない声が出る体の使い方，強く声を出したいときにはどのように歌えばよいかの体験があるとよいです。

教材：楽譜を拡大して印刷したものを黒板に貼り，書き込みができるようにします。

3 学びやすい授業づくりのポイント

①旋律に合わせて手を動かすときに，大きな動きを使うと，体が解放される感じと旋律が伸びやかに上昇していく感じや，下降して落ちついてくる感じを感じ取りやすく，表現にもつながると思います。

②**ワークシート❶**は，ペアやグループで意見を交換するのもよいでしょう。2段目と3段目の旋律の特徴と，どのように歌うかの意見を黒板の楽譜に書き込み，意見を共有することで，曲全体の構成と表現との関係の理解につなげます。

③一番曲が盛り上がるところを「曲の山」として，いきなりそこで大きくするのではなく，そこに向かってどのように表現をしていったらよいかも考えましょう。以下のように，曲の最高音と最低音を上下に描いて，その中に曲全体の音の高低を描いていくとイメージがわきやすいです。他の部分の旋律の特徴をふまえて全体の表現を考えてみましょう。

♪あたまをくもの～   ふじは～

（森尻 有貴）

せんりつのとくちょうを感じ取って
「ふじ山」をのびやかに歌いましょう

年　　組 名前

１　下は、１だん目のせんりつの動き（音の高さ、長さ）を表したものです。
　　２だん目か３だん目をえらんで、歌しに合わせてせんりつの動きを線で表
　　しましょう。また、えらんだせんりつを、どのように歌うとよいでしょう。

あー	た	ま	を	く	もー	の—	うー	え	に	だ	し—

えらんだせんりつは （　②　・　③　） だん目です（○をつけましょう）。

せんりつの動きを線で表しましょう

歌し

どのように歌うか：

２　この曲の一番気持ちがもり上がる「曲の山」はどこでしょう。どのように
　　歌うと、よいでしょう。

一番もり上がるところの歌し：

どのように歌うか：

桜の花の美しさを思い浮かべて「さくらさくら」を歌いましょう

🚚 授業の特徴	歌詞をグループに分かれて歌い，曲にふさわしい歌い方を考えます。	
📄 ワークシートで身に付く主な力	・曲想と，歌詞の内容や旋律の特徴との関わりに気付く力【知】	
🎓 学習指導要領	A表現 (1) 歌唱ア，イ，ウ(ウ)，〔共通事項〕(1)ア	
✿ 要素	音色，強弱，フレーズ	

歌唱／4年

1 学習の流れ

❶ 「さくらさくら」の歌詞の内容を理解して，歌えるようにします。4グループに分かれて通して歌えるようにします。

❷ グループごとに，担当の歌詞をどのような強弱等で歌うかを考え，練習します。

❸ グループごとに自分たちの考えた歌い方について発表し，全員で歌唱します。

2 「さくらさくら」について

「さくらさくら」は，もとは「咲いた桜」という題の「琴歌」（琴に合わせて歌う歌のこと）で，日本古謡の代表的な歌です。

3 準備

体験：桜の写真や絵画等で，様々な日本の春の風景を見ながら範唱CDを聴き，気付いたことや感じたことなどをみんなで出し合い，歌唱して曲の雰囲気をつかんでおきます。

教材：色鉛筆など

4 学びやすい授業づくりのポイント

①箏曲を数人で演奏するとき，一曲の中の歌詞付きの部分を分担して弾き歌いすることがあり，「分け歌い」といったりもします。これをヒントにして，グループで相談して歌い方を考え，様々な美しさの桜をみんなで歌いましょう。

②ブレスごとに4グループで歌う例：「さくら」（1班）→「さくら」（2班）→「のやまもさとも」（3班）→「みわたすかぎり」（4班）→「かすみかくもか」（1班）→「あさひににおう」（2班）→「さくら」（3班）→「さくら」（4班）→「はなざかり」（クラス全員）

③右のような円になって歌うと，互いの顔を見て様々な表現の工夫を学び合いやすくなります。

④歩きながら歌う経験のある児童であれば，歩き回れるスペースで拍にのって自由に歩いて，歌詞の情景をイメージしながら自分の担当の歌詞を美しく歌います。同じグループの人とも離れるので，様々なところから歌が聞こえ，近くの桜，遠くの桜をイメージして歌えます。

（宮本 憲二）

さくらの花の美しさを思いうかべて 「さくらさくら」を歌いましょう

年　　組　名前

1 ①自分たちのグループが歌う歌詞に、イメージに合う色をつけましょう。

どのグループも「さくら」を1回歌うよ！

②色をつけたところの歌い方を考えて◯◯◯◯◯に書きましょう。

ヒント：声の大きさ、なめらかさ、明るさなど考えてみよう！

③さい後の「はなざかり」は、どのグループも考えて書いてみましょう。

ヒント：「はなざかり」の「かり」は終わる感じが出るように速度をくふうしてみよう！

さくら　　　　　さくら　　　　　のやまもさとも

1班	2班	3班

みわたすかぎり　　　　　かすみかくもか

4班	1班

あさひににおう　　　　　さくら　　　　　さくら

2班	3班	4班

はなざかり

みんなで

2 輪になったり自由に歩いたりして歌ったときに、どのような景色を思いうかべて歌いましたか。

23

6 強弱や歌い方を工夫して「とんび」を歌いましょう

授業の特徴 「とんび」の旋律の特徴を捉えた上で，空を舞うトビの姿をイメージし，「ピンヨロー」という特徴的な擬音の歌い方を考えます。

ワークシートで身に付く主な力
・曲想と，音楽の構造や歌詞の表す情景との関わりに気付く力【知】
・3段目の「ピンヨロー」にふさわしい歌い方を工夫する力【思判表】

学習指導要領 A表現 (1) 歌唱ア，イ，ウ(イ)，〔共通事項〕(1)ア，イ

要素 旋律，強弱（p, mp, mf, f, ＜ ＞），反復，変化

歌唱 4年

1 学習の流れ

❶ みんなで「とんび」を歌い，曲全体の雰囲気を確認します。

❷ ワークシート❶で曲想と旋律や歌詞との関わりについて調べます。

❸ ❷で調べたことと，とんびが1羽か2羽かのイメージを踏まえて，「ピンヨロー」の強弱をグループで考えます。

❹ ワークシート❸に記入した強弱とその理由をみんなで確認した後，その表現で歌います。

2 「とんび」について

「とんび」は，1918（大正7）年に，葛原しげる，梁田貞，小松耕輔共著として発表された「大正少年唱歌 第一集」に収められたのが初出です。A（aa'）B（ba''）の2部形式で3段目にあたるbで鳴き声の「ピンヨロー」が繰り返され，旋律の味わいが他と異なります。

3 準備

体験：範唱CDを聴いたり，何度も歌ったりして覚えて歌えるようにしておきます。

教材：書画カメラと大画面

4 学びやすい授業づくりのポイント

①**ワークシート**は情報量が多いので，大きめに印刷して配ることをおすすめします。**ワークシート❶**では，曲想と旋律との関わり，曲想と歌詞との関わりについて気付くようにします。

②**ワークシート❷**は「ピンヨロー」が，1羽で鳴いているか，2羽で呼びかけ合って鳴いているか，どちらのイメージかを児童が選びます。選んだほうで小グループをつくります。

③**ワークシート❸**では，グループで強弱を考えます。あらかじめ強弱記号の記号とその意味を確認してから行いましょう。「近くで鳴いたり，遠くで鳴いたりするから強さの差をつけよう」や「友達同士のとんびかもしれない。呼びかけてこたえが返ってきて嬉しいから後の方は大きく元気に歌ってみようか」など，理由をもって強弱表現を考え，試します。

④考えた強弱を書画カメラで映して，理由をみんなに伝え，全員でその強弱の工夫で歌います。

（宮本 憲二）

強弱や歌い方をくふうして「とんび」を歌いましょう

年　　組　名前

1　「とんび」の特徴(とくちょう)を調べましょう。

①1だんめのせんりつの動きとにているだん、ちがうだんを見つけましょう。

1だん目とにている？　ちがう？

1だん目のせんりつの特徴(とくちょう)を、音ぷのたまをなぞってたしかめましょう。

2だん目　　にている　　ちがう

3だん目　　にている　　ちがう

4だん目　　にている　　ちがう

②3だん目の歌詞(し)の特徴(とくちょう)を考えましょう。1、2、4だん目とのちがいはなんでしょう。

2　3だん目に合う歌い方を考えて、くふうして歌いましょう。

❶と❷のどちらのイメージで歌いたいかで、グループを分けます。どちらで歌いたいですか。

❶ 　1羽(わ)でピンヨロー、ピンヨローと鳴いているよ

❷ 　2羽(わ)でピンヨロー、ピンヨローとよびかけ合って鳴いているよ

3　イメージしたとんびのすがたで、「ピンヨロー」に強弱記号（例： p　mp　mf　$<$　$>$）をつけてみましょう。どうしてその強弱にしたか理由も書きましょう。

強弱
ピンヨロー｜ピンヨロー｜ピンヨロー｜ピンヨロー
理由

日本と西洋を感じながら「まきばの朝」を歌いましょう

 授業の特徴	音階と歌詞にある日本と西洋に気付いて,「まきばの朝」の表現を工夫して歌います。
ワークシートで身に付く主な力	・曲想と,音階や歌詞の内容との関わりに気付く力【知】 ・曲想と歌詞を生かしてどのように歌うか考える力【思判表】
学習指導要領	A表現 (1) 歌唱ア, イ, ウ(イ),〔共通事項〕(1)ア
要素	音階（ハ長調の音階, ヨナ抜きの音階）

歌唱／4年

1 学習の流れ

❶ 「まきばの朝」の旋律は2つの音階でつくられていることに気付きます。

❷ 歌詞は日本初の西欧式牧場の様子であること,「かね」はオランダから送られた鐘であることを知ります。

❸ 旋律と歌詞から,情景を想像し,歌い方をグループで考えます。

❹ 考えた歌い方を書画カメラに映し,クラスで工夫して歌います。

2 準備

体験：「まきばの朝」を歌詞とドレミで歌えるようにしておきます。

教材：書画カメラと大画面

映す音階

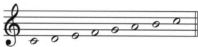
1〜8小節

9〜20小節

1 2 3 4 5 6 7 1

3 学びやすい授業づくりのポイント

① 「まきばの朝」は1〜8小節はハ長調の音階で,9〜20小節はヨナ抜き長音階でつくられています。書画カメラで音階を映し,児童と歌いながら使っている音に○を付けていきます。3小節目はレが出てきますが,音階の中のレに○を付けます。ドは下も上も○を付けます。9小節から最後まで確認すると,ファとシが使われていないことが分かります。数字でドレミを表すことがあることを説明し,4と7を抜いた「ヨナ抜き音階」であることに気付かせます。

② 次に**ワークシート❷**は,教師が読んで内容を確認し,歌詞の情景の中に日本と西洋がとけ込んでいる様子がイメージできるようにします。あらかじめ岩瀬牧場のホームページで牧場の歴史や「まきばの朝」が大切にされていることを確認し,大画面で見せるのもよいと思います。

岩瀬牧場HP

③ 学んだことを生かして,生活班くらいのグループで1〜3番を分担し,歌詞を手がかりに強弱や17〜20小節の特徴的な歌詞の歌い方などを工夫します。

④ 工夫した事柄を書画カメラで映し,クラスでその工夫を生かして歌います。 　　　　（酒井 美恵子）

日本と西洋を感じながら「まきばの朝」を歌いましょう

年　　組　名前

1　「まきばの朝」のせんりつにある日本と西洋。

　1～8小節と9小節からさい後までに分けて、使われている音を調べてみましょう。

1～8小節は…

西洋の音階の

　　　　　　　長調の音階です。

9～20小節は…

西洋らしさと日本らしさがあると

いわれている

　　　　　　　ぬきの音階です。

2　「まきばの朝」の歌詞の様子にある日本と西洋。

　「まきばの朝」は、福島県にある岩瀬牧場の朝の美しさを詩にしたといわれています。岩瀬牧場は日本初の西洋式牧場として1880年に開かれました。1907年に、らく農がさかんなオランダから牛を輸入し、友好の記念にプレゼントされたのが、1番の歌詞にある「かね」です。日本にはじめて開かれた、西洋風の牧場の朝の風景に、オランダのかねが鳴りひびく様子がすてきですね。

3　たんとうする番号に〇をつけ、歌い方のくふうを考えて、歌詞から伝わる美しい様子や、きこえてくる音を歌で表しましょう。

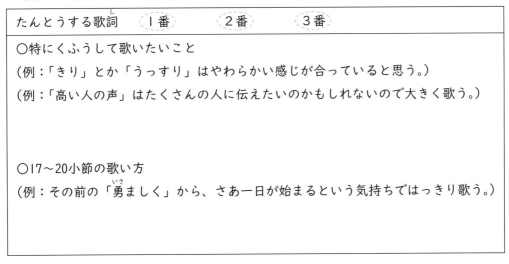

たんとうする歌詞　　（1番）　　（2番）　　（3番）

〇特にくふうして歌いたいこと

（例：「きり」とか「うっすり」はやわらかい感じが合っていると思う。）

（例：「高い人の声」はたくさんの人に伝えたいのかもしれないので大きく歌う。）

〇17～20小節の歌い方

（例：その前の「勇ましく」から、さあ一日が始まるという気持ちではっきり歌う。）

8 重なり合う声のよさを味わいながら 「もみじ」を歌いましょう

📖 授業の特徴	2つの旋律の重なり方の特徴に気付き，そのよさを味わいながら歌います。
📄 ワークシートで 身に付く主な力	・曲全体にわたる2つの声部の重なり方（音楽の構造）に気付く力【知】 ・主旋律を聴いて，下の旋律（副次的な旋律）を正しい音程で合わせて歌う力【技】
🎓 学習指導要領	A表現 (1) 歌唱ア，イ，ウ(ウ)，〔共通事項〕(1)ア
✚ 要素	音楽の縦と横との関係（2つの旋律の重なり方）

歌唱 4年

1 学習の流れ

❶ 主旋律を全員が歌えるようにします。簡単なハンドサインを用いましょう。

❷ 二部合唱の範唱を聴き，楽譜を見て気付いた点を**ワークシート**に書きます。そしてそれを発表します。

❸ 下の旋律（副次的な旋律）を歌えるようします。主旋律で使ったハンドサインを使い，下の旋律になれます。

❹ 二部合唱を完成させます。❷で気が付いた点を確認しながら歌いましょう。最後に声を重ねるよさを振り返ります。

2 準備

体験：2年生で学んだ「春がきた」を導入で歌います。

準備：「春がきた」と「もみじ」の拡大楽譜を用意します。

3 学びやすい授業づくりのポイント

①導入の発声として「春がきた」を歌います。「もみじ」と作詞者作曲者が同じであること，また1小節目のリズムが同じであることに気付かせ，「もみじ」に親しみをもたせると同時に，音楽の構造にも興味をもたせます。

②ハンドサイン（右図）を取り入れて，主旋律を歌います。

③二部合唱の範唱を鑑賞します。声の重なりに注目して気が付いた点を**ワークシート❶**に記入します。楽譜に直接書き込んでもいいでしょう。それを発表し合います。輪唱風（1～8小節），3度（9～12小節），主旋律と全く違う旋律（13，14小節）などに気付かせます。

④②で用いたハンドサインの動作を取り入れ，下の旋律を歌えるようにします。フレーズごとに教師の範奏・範唱で音取りをします。伴奏に合わせて何度か歌い，**ワークシート❷**を用いて，児童が自ら課題を設定・解決できるように進めます。

⑤二部合唱を完成させます。全員がどちらのパートも歌えるようにします。向かい合ったり円になったりすると他のパートが聴きやすく，合わせることに意識が向くでしょう。またこの際，ハンドサインを入れると異なる旋律を歌っていることが視覚化できます。

（瀧川 淳）

重なり合う声のよさを味わいながら
「もみじ」を歌いましょう

年　　組　名前　_____

1　声の重なりについて、きいたり楽ふを見たりして気づいた点を書いてみましょう。

「もみじ」

ヒント：◯◯◯のところを手がかりに考えてみよう。

ヒント：上と下のリズムは？

ヒント：13、14小節と15、16小節をそれぞれ考えよう。

2　下のせんりつについて、自信をもって歌うことができましたか。

1回目			2回目		
(o^^o)	(^^)	(><)	(o^^o)	(^^)	(><)
注意した点			注意した点		

中学年の発声

① 変声前に自分自身の声を肯定的に捉えられるように

　それぞれの児童の声には個性があり，声は人の一生を通して発達，変化するものです。そして，歌うときには体そのものが楽器になりますので，そのときの体調や心情にも大いに影響されます。例えば，か細い声だったり，遠慮しながら歌ったりする様子のときは，発声だけの問題ではなく，そうならざるをえない理由があることも多いのです。発声だけを指摘しても，子供の心から乖離してしまう可能性もあります。

　そのためには普段から，「この友達と，この先生と歌うのが楽しい」「このクラスで歌うのが楽しい」と自然に思えるような，互いの歌声を尊重する学級の雰囲気であることが重要です。変声前の中学年で，互いの声のよさを伝え合う活動を行ってみましょう。変声を含めて，自分の声や友達の声の変化を，肯定的に捉えられる基盤をつくることにもつながります。

② 頭声的な発声にも少しずつ慣れながら，多様な発声を認めよう

　中学年では，曲想に合った自然な歌い方が求められてきます。徐々に頭声的な発声に慣れることが大切です。ヨーデルや動物の鳴き声のまねなど，裏声を出すことから始めてみましょう。

　ただし，現代の子供たちは，様々なメディアを通して，世界中のあらゆるジャンルの歌声を聴く機会に恵まれています。頭声的発声だけが歌の発声法ではなく，世界には多様な発声法があります。例えば，クラシック，ロック，ゴスペル，ブルガリアン・ヴォイス，日本の民謡，ケチャ，ホーミー，ボーカロイドなど，様々なジャンルの歌と発声法を，子供たちと探したり，試してみたりしてみましょう。

③ 音高・音程を意識的に合わせられるために

　音高・音程が不安定なために，歌うことに自信のもてない児童もいます。音高・音程を合わせて歌うためには，自分自身の歌声を意識的に「聴く」ことが重要になります。そのために，ゲーム感覚で，「声のけんかゲーム」「声の仲直りゲーム」を行ってみましょう。先生の歌声で発する「あー」「らー」などの単音に対して，子供たちが敢えて異なる音高で発する「けんか」と，先生と同じ音高で発声する「仲直り」ゲームです。どちらのゲームも，しっかりと先生の声を聴いて発声する習慣が，ゲーム感覚で養われます。慣れてきたら，児童が基準となる音を発声してみましょう。

（小畑 千尋）

参考文献
・小畑千尋（2019）「声変わりの子どもが安心して歌える指導スキル」『小学校音楽　指導スキル大全』阪井恵・酒井美恵子著，明治図書，pp.80-81
・小畑千尋（2017）『さらば！オンチ・コンプレックス　ユキ＆ケンと一緒に学ぼう！〈OBATA METHOD〉によるオンチ克服指導法』教育芸術社

器楽

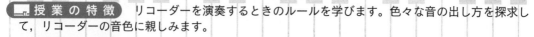

⑨ ルールを守ってリコーダーの音色を楽しみましょう

授業の特徴 リコーダーを演奏するときのルールを学びます。色々な音の出し方を探求して，リコーダーの音色に親しみます。

ワークシートで身に付く主な力
・楽器（リコーダー）の特徴に気付く力【知】
・色々な吹き方を試して音色の面白さを探求する力【思判表】

学習指導要領 A表現 (2) 器楽⑦，**イ(イ)**，ウ(イ)，〔共通事項〕(1)**⑦**

要素 音色，変化

1 学習の流れ

❶ 教師の範奏やリコーダーのCDから選んだ曲を聴き，音色や吹き方のイメージをもちます。

❷ 学習するときのルールを知り，楽器を大切にする気持ちをもちます。配られたリコーダーの各部分の名称を知ります。

❸ 頭部管で色々な音の出し方や面白い音を探します。友達に見つけた音を紹介します。色々な鳥の声を音で表現します。

❹ 掃除をして片付けます。その後，ルールを振り返り，見つけた吹き方や音について**ワークシート**に書き込みます。

器楽 3年

2 準備

体験：教師が手拍子したリズムをまねしたり，友達の名前に合わせて手拍子を打ったりします。
（例：「えのもとさん♩」→「はーあーい♩」→「こーがーさん♩」→「はーあーい♩」）

教材：教師が曲を練習したりCDから選曲したりして，最初に聴く曲を準備します。教科書教材やよく知られている曲（「ジブリ」や「ピタゴラスイッチ」のテーマ曲等）の一部がよいです。できれば，鳥の絵や鳴き声を準備しておきます。

3 学びやすい授業づくりのポイント

①ルール：乱暴に扱うと壊れること，落としたり振り回したりしないで大切に扱うことを約束して，楽器を配ります。→音を出す前に「先生の合図で演奏を止めること，演奏しないときは袋に入れるか袋の上に置くこと」を約束します（合図の音としては，ピアノの他にクラベスやトライアングルの音が聴き取りやすいです）。→リコーダーの各部分の名称を知ります。

②音の探求：頭部管と中部管を持って，ひねりながら頭部管を抜きます。→ジョイント部分や「窓」に指を入れたりふさいだりして，色々な吹き方や音を探します（教師がヒントを投げかけてもよいです）。→見つけた吹き方を隣同士やグループ，または全員に紹介します。色々な鳥の声を想像して吹いてみます（絵や鳴き声を参考にしてもよいです）。→自分ならではの鳥の声の音を隣同士やグループ，または全員に紹介します。

③片付け：「窓」を指で押さえて，強く息を吹き込んで水滴をハンカチに落とします。ハンカチ等で管の中や外を拭き，頭部管を中部管に取り付けて袋の中に入れます。

（山中 和佳子）

ルールを守ってリコーダーの音色を楽しみましょう

<u>　年　　組　名前　　　　　　　　　　　　　</u>

Ⅰ リコーダーのいろいろな部分の名前を知りましょう。

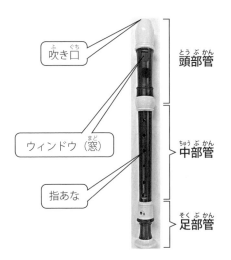

吹き口

頭部管

ウィンドウ（窓）

中部管

指あな

足部管

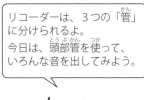

リコーダーは、3つの「管」に分けられるよ。
今日は、頭部管を使って、いろんな音を出してみよう。

2 リコーダーのルールは守れましたか。守れたルールに○を書きましょう。

リコーダーのルール	○
先生の合図でえんそうをやめることができましたか。	
えんそうしていないときに、ふくろの上においたり、中に入れたりできましたか。	
かたづけるときには、リコーダーをハンカチなどでふいて、きれいにできましたか。	

3 ふりかえりをしましょう。

○自分がおもしろいな、きれいだなと思った音はどんな音でしたか。

○発見したふき方を書きましょう。

33

10 色々な息を使って「シ」の音を演奏しましょう

授業の特徴 シの運指を覚えて色々な息の強さの吹き方を試すとともに，タンギングの仕方を理解し，音色を味わって演奏します。

ワークシートで身に付く主な力
・音色や響きと演奏の仕方（息の使い方など）との関わりに気付く力【知】
・「シ」の運指やタンギングの仕方に気付き，楽譜を見て吹く力【知，技】

学習指導要領 A表現 (2) 器楽ア，イ(イ)，ウ(ア)(イ)，〔共通事項〕(1)ア，イ

要素 音色，リズム，強弱

1 学習の流れ

❶ 「小鳥のために」を聴き，音色や音の長短等の特徴を聴き取ります。このように演奏するにはどうすればよいか技能習得への意欲をもちます。

❷ シの運指を理解した後，演奏時の姿勢，構え方をDVDや教師を見て学びます。色々な息の強さでシを演奏して，音色の違いを味わいます。

❸ 手のひらに息を吹きかけ，タンギングによる息の当たり方を感じます。シの音でリズムのまねっこやあいさつ等をしてタンギングに慣れます。

❹ 「しずかなワルツ」を演奏します。姿勢や息の使い方，タンギングについてワークシートを使い，振り返りをします。掃除をして片付けます。

器楽 3年

2 準備

環境：授業開始までリコーダーのCDをかけておきます（教科書指導書のCD等から）。

教材：運指や姿勢を理解しやすいように教科書指導書付属の支援CDやDVDの活用をおすすめします。「小鳥のために」は1717年出版の43曲からなる曲集で，教科書にも掲載されています。「しずかなワルツ」は，ゆったりとした速度，優しい音色で演奏される曲です。

3 学びやすい授業づくりのポイント

①運指と構え方：教師が鏡あわせのようにリコーダーを持ったり，後ろを向いて手の位置を児童と同じにしたりして運指を見せ，児童の左手が上になるよう留意します。右親指は指番号4の裏あたりに当てます。指番号と照らし合わせて運指を覚えます。吹き口を歯でかまず唇で挟みます。机に肘をついたり猫背になったりせず，歌うときのような姿勢で吹きます。

②色々な息：息の使い方で音程や音量，音色が変わることを聴き取ります。きれいな響きで演奏できる息づかいを探求します（教師が範奏し，違いを聴き取る学習も効果的です）。

③タンギング：タンギングした音としない音の範奏を聴き比べたり，児童自身で試して聴き取ったりします。その際，音の終わりも舌を前歯の裏側につけて息を止めます。手のひらを口の前に当ててトゥトゥと言いながら息が切れているか手のひらで感じ取ります。シの音をタンギングして「こんにちは（♩♫♩𝄽）」等のあいさつや，リズムのまねっこをします。

④「しずかなワルツ」：表現する際の息やタンギングに気を付けて演奏します。　（山中 和佳子）

いろいろな息を使って「シ」の音をえんそうしましょう

年　　組　名前

1 「小鳥のために」をきいて、気がついたことを発表しましょう。

2 「シ」はどの指をつかいますか。

♪手の絵を見て「シ」をえんそうするときにつかう指に
　〇をつけましょう。

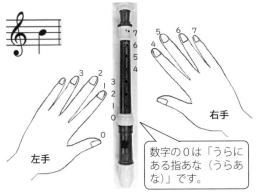

数字の0は「うらにある指あな（うらあな）」です。

左手　　右手

3 いろいろな息で音を出してみましょう。

♪息のヒント
①あらしの風のような息
②ゆうれいが出てきそうな息
③シャボン玉をふくらませるような息
♪まっすぐできれいな音を出すには、どんな息がいいかな？

トゥ

タンギング

音を切るときも、舌をつかいます。

4 タンギングや息に気をつけて、きれいな音で「しずかなワルツ」をえんそうしましょう。

しずかなワルツ

山中和佳子　作曲

トゥ———トゥ　トゥ　　トゥ———トゥ　トゥ

トゥ　トゥ　トゥ　トゥ　トゥトゥ　トゥ　トゥ———トゥ　トゥ

5 ふりかえりをしましょう。

歌うときのように、しせいよくふけたかな？	😊 できた　😊 まあまあ　🙂 もうちょっと
シの指づかいをおぼえることができたかな？	😊 できた　😊 まあまあ　🙂 もうちょっと
きれいな音でふけたかな？	😊 できた　😊 まあまあ　🙂 もうちょっと
タンギングができたかな？	😊 できた　😊 まあまあ　🙂 もうちょっと

6 今日くふうしたことを書きましょう。

「シラソ」の音でリコーダーを楽しみましょう

📖 授業の特徴	「シラソ」の運指を覚えるとともに，タンギングを身に付け，音色を味わいます。
📄 ワークシートで身に付く主な力	・リコーダーの基礎となる技能（運指，姿勢，タンギング）の初歩を身に付けて演奏する力【技】
📖 学習指導要領	A表現 (2) 器楽ア，イ(イ)，ウ(イ)，〔共通事項〕(1)ア
✿ 要素	音色，リズム

1 学習の流れ

❶ タンギングでリズムや音色のまねっこや，「しずかなワルツ」の復習を個人や全員で行います。

❷ 「シラシ」を練習します。その後「たこたこあがれ」を歌唱し，タンギングのみの練習→楽器で個人練習→全員で合わせます。

❸ 「ラソラ」「一番星見つけた」を練習します。隣同士聴き合って，○がもらえた児童は「メリーさんの羊」を練習します。

❹ 音をよく聴きながら全員で曲を演奏します。**ワークシート**で振り返りをし，管を掃除して片付けます。

器楽／3年

2 準備

環境：授業開始前から，リコーダーの曲（「小鳥のために」等）を流しておきます。

教材：黒板に運指や姿勢の図，学習時に目線が下がらないための拡大楽譜を貼ります。

3 学びやすい授業づくりのポイント

①タンギングと姿勢：教師がシ音で演奏したリズムをまねっこするなどして，タンギングの有無を聴き取る力を伸ばします。教科書等の上側を筆箱の上に置いて斜めに立てかける等，目線が下がらないよう工夫し，歌唱時のような姿勢を意識してしっかり息が吸えるようにします。

②**学習の流れ❷**「ラ（012）」の学習：シラシを練習して指を動かすことに慣れた後，タンギングができているか自分の音をよく聴くように言葉がけします。「たこたこあがれ」では，歌詞をつけて歌う→階名唱→階名唱しながら楽器の音を出さず指だけを動かす→指を動かしながらトゥで歌う→リコーダーで演奏する→個人練習し，できたと思ったら自分で**ワークシート**に○を書き込む→全員で演奏，という流れが進めやすいです。

③**学習の流れ❸**「ソ（0123）」の学習：②と同様の流れで学習を進めます。「一番星見つけた」の個人練習では，友達と聴き合ってタンギングと運指ができたら**ワークシート**の該当箇所に○を付け合います。○がもらえた児童は，発展として「メリーさんの羊」を練習します。

④最後の全員演奏：曲のどれかを選び，自分の音をよく聴きタンギングしながらよい音色で演奏することを言葉がけします。

（山中 和佳子）

「シラソ」の音でリコーダーを楽しみましょう

<u>　　年　　組　名前　　　　　　　　　　　　　　　</u>

1 「ラ」と「ソ」で使う指の番号を□に書きましょう。

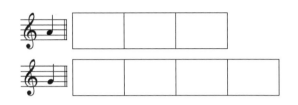

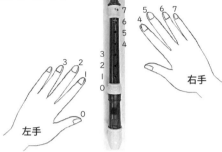

2 シ・ラのれんしゅうをしましょう。

> 「たこたこあがれ」がふけたら、右の点線の○をなぞろう！

「たこたこあがれ」

た　こ　た　こ　あ　が　れ　　て　ん　ま　で　あ　が　れ

トゥトゥトゥトゥ　トゥトゥトゥ　　トゥ　　トゥトゥ　トゥ　トゥトゥ

3 ラ・ソのれんしゅうをしましょう。

> 「一番星見つけた」がふけたら、右の点線の○をなぞろう！

「一番星見つけた」

い　ち　ばん　ぼ　し　　みーつけ　た

トゥトゥトゥ　トゥ　トゥ　　トゥ　トゥトゥトゥ

チャレンジ！ 「メリーさんのひつじ」（外国の童謡）

4 ふりかえりをしましょう。

ラとソがふけたかな？	☺ できた　☺ まあまあ ☹ もうちょっと
しせいよくふけたかな？	☺ できた　☺ まあまあ ☹ もうちょっと
タンギングできたかな？	☺ できた　☺ まあまあ ☹ もうちょっと

5 がんばったことを書きましょう。

12 トゥ トゥ トゥ
tututu の音楽をつくってまねっこ しましょう──タンギングの練習

🖥 授業の特徴 タンギングの感覚を,「トゥトゥトゥ」と言うことによってつかみ,リコーダーのタンギングに親しむ授業です。音楽づくり(即興的な表現)の学習としても有効です。

📄 ワークシートで 身に付く主な力 ・リコーダーの音色や響きとタンギングの仕方に気付く力【技】

✿ 学習指導要領 A表現 (2) 器楽ア,イ(イ), ウ(イ),〔共通事項〕(1)ア

✤ 要素 音色,リズム,旋律,反復

1 学習の流れ

❶ 「トゥトゥトゥ」というタンギングをすることで,リコーダーの音色が澄んで明瞭になることを教師が実演します。

❷ 「トゥ」で即興的に4拍のリズムをつくって口で言い,それを他の人が模倣します。

❸ 既習の音を1音使って,リコーダーで❷と同様の即興・模倣を行います。

❹ 既習の音を複数使って❷と同様の即興・模倣をすると,すてきな旋律の音楽に!

器楽 / 3年

2 準備

体験:「シ」の音を学習していることで,❶〜❸までの活動が可能です。❹まで行うためには,複数の音を学習済みであることが必要です。

教材:リコーダー,リコーダーの模式図を描いた模造紙

3 学びやすい授業づくりのポイント

①タンギングの練習は,ともすれば訓練的になりがちであり,児童が苦手意識をもちやすいものです。そこでまず,**学習の流れ❶**では,タンギングするのとしないのとで音色や音質がどう違うのかを実演しながら教師が説明し,これから行うワークの意義を伝えます。

②**学習の流れ❷**では,まず教師がリーダーとなって「トゥトゥトゥ…」と言い,児童が模倣をします。右ページのリズムの細分化の例を参考に,リズムを徐々に細分化していきましょう。

③**学習の流れ❹**では,リーダー役は教室の黒板前に立ち,模造紙にあるリコーダーの図を指さしながら「トゥトゥトゥ」または「シラソ…」と口で言い,即興します。こうすることで,模倣する児童が演奏しやすくなります。

④一斉授業においては,教師が一人ひとりの児童のタンギングに関する到達度や,児童が抱える「困り感」を把握することが難しいです。そこで,授業の最後に,**ワークシート**を配り,子供たち自身に自分のタンギングの状況を評価させましょう。これをもとに,次の授業で重点的に扱うべき事項が何かを検討することができます。

(森 薫)

<ruby>tututu<rt>トゥトゥトゥ</rt></ruby> の音楽をつくってまねっこしましょう——タンギングの練習

年　　組　名前
_____

★せいせきをつけるためのものではありません。一番あなたの気持ちに合ったところに○を
　してください。できたことやこまったことを、先生に教えてくださいね。

1 タンギングするのとしないのとでは、リコーダーの音の感じが変わること
　　に気づきましたか。

気づいた　　　　だいたい気づいた　　　　よくわからなかった

2 「トゥトゥトゥ」と口で言うことができましたか。

よくできた　　　　まあまあできた　　　　あまりできなかった

3 リコーダーでタンギングすることができたと思いますか。

よくできた　　　　まあまあできた　　　　あまりできなかった

-------------------------------------- キリトリ --------------------------------------

学習の流れ❷におけるリズムの細分化の例

教室に掲示する模造紙

ソプラノ・リコーダーの運指（ド・シ・ラ・ソ）

リーダー役が、ド・
シ・ラ・ソのところを
指し棒で指しながら即
興します。

学習の流れ❷〜❹に適したピアノ伴奏の例　※特に❹のときにおすすめです。

★この伴奏は、「ド」「シ」「ラ」「ソ」どの音にも合います。　★終わるときはこの和音

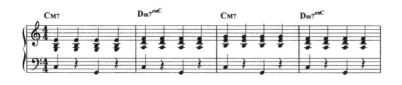

13 「ひらいたひらいた」をリコーダーで楽しみましょう

🖥 **授業の特徴**	情景に合った音色を工夫し，友達と息を合わせて演奏します。	
📄 **ワークシートで身に付く主な力**	・曲の特徴に気付き，曲に合ったタンギングと息で演奏する力【知・技】 ・想像した花の様子に合ったリコーダーの音色や演奏の仕方を考える力【思判表】	
🧭 **学習指導要領**	A表現 (2) 器楽 ⑦，イ(イ)，ウ(ウ)，〔共通事項〕(1)⑦	
🧩 **要素**	音色，呼びかけとこたえ，繰り返し，変化	

1 学習の流れ

❶ 日本のうた「うさぎ」等を歌います。リコーダー既習曲をタンギングや音色に気を付けて演奏します。「ひらいたひらいた」を全員で歌います。

❷ 楽譜を見ながら「呼びかけとこたえ」「反復」「変化」という特徴があることを復習します。様子と音色をイメージした後，運指を全体で確認し，個人練習します。

❸ 一通り演奏できたら，この曲に合った演奏の工夫を全体で共有します。2人で最初の8小節を2小節ずつ分担して演奏し，最後の4小節を2人で演奏します。

❹ 数組のペアに演奏してもらった後，全員で，2つのグループに分かれて演奏します。ワークシートで振り返りをし，管を掃除して片付けます。

2 準備

体験：タンギングや息の使い方を意識して，既習曲を復習しておきます。

教材：「ひらいたひらいた」の縦書きの歌詞と五線譜，れんげ（蓮の花）や風景の写真を黒板に提示します。

3 学びやすい授業づくりのポイント

①**学習の流れ❷**：黒板に縦書きの歌詞と楽譜を提示し，「呼びかけとこたえ」，フレーズの相違点や同じ部分（「変化」「反復」）を確認します。全員で斉唱した後，2グループに分かれて2小節ごとに歌い合います。最後の4小節は全員で歌います。その後，歌詞や写真等から花の美しさや様子を想像→個人活動としてワークシートに想像した様子とそれを表現するためにどんな音色で演奏すればよいかを書く→1～2名に発表してもらい，全体で気付きや工夫を共有→個人練習で，イメージした音色で演奏するためにタンギングや息のどんなことに気を付ければよいか演奏して試しながら考え（演奏の工夫），**ワークシート**に書く活動を行います。

②**学習の流れ❸**：1～2名に，自分が演奏したい音色と，そのためのタンギングや息の工夫（演奏の工夫）について発表してもらう→全員で斉奏します。ペアで2小節ずつ分担し，交互に演奏します。その際，イメージした様子と音色を伝え合って2人でイメージをそろえて演奏すること，お互いの息を合わせて呼びかけ合うように演奏することを言葉かけします。

（山中 和佳子）

器楽 4年

「ひらいたひらいた」をリコーダーで楽しみましょう

年　　組　名前

１ 「ひらいたひらいた」には、どんな「音楽のしくみ」がありますか。

_____

_____

２ 「ひらいたひらいた」の歌詞（かし）から花の様子を想ぞうして、音色をくふうしましょう。

①想ぞうした花の様子

②こんな音色でえんそう

⇨

③イメージした音色でえんそうするには、どうすればよいかな？

タンギング： _____

息： _____

３ ペアになって、よびかけ合うように２小節（しょうせつ）ずつ交代でえんそうしましょう。（終わりの４小節（しょうせつ）は２人でいっしょにえんそうしましょう。）

「ひらいたひらいた」　　　　わらべうた

ひ　らいた　　ひ　らいた　　なんの　は　なが　ひ　らいた
つ　ぼんだ　　つ　ぼんだ　　なんの　は　なが　つ　ぼんだ

れんげのは　なが　ひ　らいた　　ひ　らいた　と　お　もったら
れんげのは　なが　つ　ぼんだ　　つ　ぼんだ　と　お　もったら

い　つの　ま　にか　つ　ー　ー　ぼ　ん　だ
い　つの　ま　にか　ひ　ー　ー　ら　い　た

４ ふりかえりをしましょう。

タンギングや息をくふうできたかな？	☺ できた　☺ まあまあ ☺ もうちょっと
よびかけ合うようにえんそうできたかな？	☺ できた　☺ まあまあ ☺ もうちょっと

５ がんばったことを書きましょう。

14 「さくらさくら」をリコーダーと鍵盤ハーモニカで合奏しましょう

授業の特徴	情景に合う音色と速度を工夫し，聴き合いながら合奏します。
ワークシートで身に付く主な力	・曲に合うタンギングと息で，聴き合いながら演奏する力【技】 ・曲に合った音色と速度を工夫してどのように演奏するか自分の考えをもつ力【思判表】
学習指導要領	A表現 (2) 器楽 ⑦, イ(ア), ウ(ウ), 〔共通事項〕(1)⑦
要素	音色，速度，フレーズ

1 学習の流れ

❶ リコーダーや鍵盤ハーモニカでタンギングや音色に注意しながら既習曲を演奏します。「さくらさくら」を全員で歌います。

❷ 歌詞や写真等から，どんな感じで演奏したいか考えます。2つの楽器の運指を確認した後，個人で練習します。

❸ グループになり想像した情景に合った「速度」と「音色」を考えて練習します。グループ内で聴き合いながら合奏します。

❹ グループで発表します。ワークシートで振り返りをし，管を掃除して片付けます。

2 準備

体験：リコーダーや鍵盤ハーモニカ（以下，鍵ハ）で既習曲を復習しておきます。

教材：桜の写真などや鍵ハの鍵盤の図を黒板に提示します。言語活動の際に参考にするために，下記3－②で例示したような速度に関するキーワードを黒板に提示します。

3 学びやすい授業づくりのポイント

①学習の流れ❷：桜の様子を個人で想像します。その後，リコーダーと鍵ハに分かれ，先生対リコーダー，先生対鍵ハで運指を確認します。

　鍵ハは，リコーダーと音域を合わせるために，上の方の音域で演奏します。

　鍵ハの運指は，「さくらさくら」「みわたすかぎーり（「あさひににおう」も同じ）」「はなざーかり」が弾きやすいです。

②学習の流れ❸：2つの楽器混合のグループになり，個人の想像をもとに，表したい様子とその様子を音楽で表すために，音色と速度をどう工夫するか話し合う→ワークシートに書き込み練習をします。「ゆったりした」「急いで」「歩くような」「走るような」「眠るような」等の速度に関する言葉を黒板に提示し，言語活動で迷ったときには参考にするように伝えます。

　グループでの合奏練習時には，息使いやタンギングを意識してよく音を聴きながら演奏することや，お互いの楽器の音を聴き合いながら合奏するように言葉かけをします。

③最後のグループ発表では，表したい様子と工夫したことを口頭で述べてから演奏します。

※ワークの楽譜では，リコーダーの実音は1オクターブ上になります。リコーダーと鍵盤ハーモニカの音高を合わせるときには，鍵盤ハーモニカを高音域で弾くとよいでしょう。

（山中 和佳子）

器楽／4年

「さくらさくら」をリコーダーと鍵盤ハーモニカで合奏しましょう

年　　組　名前

1 「さくらさくら」を歌ったり、写真を見たりしてイメージをふくらませましょう。

想ぞうしたのは「さくら」のこんな様子

```

```

2 グループで表したい様子を話し合って、音色や速さをくふうしましょう。

表したい様子

こんな音色で

だから

こんな速さで

3 音色や速さをくふうして、きき合いながら、えんそうしましょう。

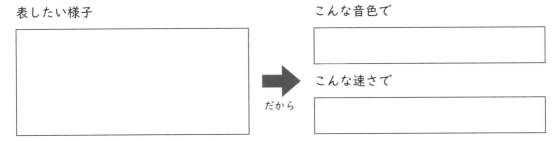

「さくらさくら」　　　　　　　　　日本古謡

さ　く　ら　　　さ　く　ら　／の　や　ま　も　　さ　と　ー　も

み　わ　た　す　　か　ぎ　ー　り　／か　す　み　か　　く　も　ー　か

あ　さ　ひ　に　に　お　ー　う／さ　く　ら　　　さ　く　ら

は　な　ざ　ー　か　　り

／＝リコーダー
＝鍵盤ハーモニカ

4 ふりかえりをしましょう。

速さや音色をくふうできたかな？	☺ できた　☺ まあまあ ☹ もうちょっと
友達の音をききながらえんそうできたかな？	☺ できた　☺ まあまあ ☹ もうちょっと

5 がんばったことを書きましょう。

15 ことに挑戦！
2つの音で楽しみましょう

🖥 授業の特徴	箏をつま弾いて，箏の音色や響きを味わいます。
📄 ワークシートで身に付く主な力	・箏の演奏の仕方の初歩が分かり，七と八の弦で演奏する力【知・技】 ・言葉の抑揚に合った表現を工夫する力【思判表】
🧭 学習指導要領	A表現 (2) 器楽 ⑦， イ(イ)， ウ(イ)，〔共通事項〕(1)⑦
🧩 要素	旋律，音色

1 学習の流れ

❶ ワークシート**1**をみんなで確認し，グループになって箏をつま弾きし，弾いた感想等を出し合います。

❷ ワークシート**2**の例を参考にして，ペアで七と八の弦で友達の名前を弾き歌いし，呼び合って楽しみます。

❸ ワークシート**3**を活用し，七，八の弦で返事を考えてリレーします。最後にワークシート**4**のわらべうたを弾いて楽しみます。

2 準備

教材：使用する箏は，いずれ児童たちに挑戦してほしい「さくらさくら」で使用する「平調子（ひらちょうし）」に調弦し，七と八の弦だけ使います。

一 二 三 四 五 六 七 八 九 十 斗 為 巾

器楽／4年

3 学びやすい授業づくりのポイント

①**ワークシート1**を活用し，姿勢や爪の付け方などを確認します。その後，箏の弦を指ではじく方法（ピチカート）で音を出します。ピチカートは，通常薬指の腹を使って弾きますが，はじきやすい

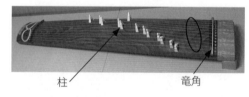

柱　　　　　竜角

指で，弦をはじいてよいことを伝えます。竜角に近い場所で弾くと張りのある音色，竜角と柱（じ）の中間あたり（右上の写真）で弾くと，少し曇った音色になります。

②**ワークシート2**では，七と八の弦を使って，つま弾きながら名前を呼び合って楽しみます。

③**ワークシート3**では，「なあに」の「八七八」を参考に「はあい」と「（チャレンジ！）ここですよ」という返事の部分を考えます。考えがまとまったら，友達同士で名前を呼んでリレーします。つま弾きながら名前を呼ばれたら「なあに」や「はあい」「ここですよ」と弾きながら答えます。今度は，答えた児童が次の児童の名前を呼び，最後の児童が，最初の児童の名前を呼んで，その児童が答えて終了します。

④**ワークシート4**では，**ワークシート2**〜**3**の学習を生かして，わらべうたをつま弾きながら歌って楽しみます。

(宮本 憲二)

ことにちょうせん！２つの音で楽しみましょう

１　下の３つをかくにんしましょう。

①使うつめによって、Aのようにななめに
すわったり、Bのようにまっすぐすわっ
たりします。どちらの場合も、せすじを
のばしてすわります。つめをつけてひく
場合は、親指、人さし指、中指です。

A　　　　　　　　　B

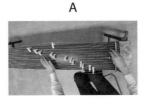 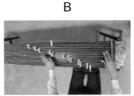

②ことは、柱（じ）というＶの形の橋を立て、曲に合った調子をつ
くってえんそうします。弦にはそれぞれよび名がついていて、11
番、12番、13番の弦は、斗（と）、為（い）、巾（きん）と読みま
す。

一二三四五六七八九十斗為巾

③つめをつけずに指で弦をはじきましょう。

２　七と八の弦を使って、友達同士でよび合います。よぶ人の名前を書いたら、
例を見てひく音を決めて、音の上がり下がりに線を入れてみましょう。

例：

たなかさん 七八八八八	➡	みむーらさん 八七　七八

名前
弦

３　次に「なあに」を参考に、「はあい」「（チャレンジ！）ここですよ」と返
事をする部分を七と八の弦をひいて、考えましょう。考えたら音の上がり
下がりに線を入れて、たしかめましょう。

例：　　　　　　　　　つくろう　　　　　　　チャレンジ！

たなかさん 七八八八八	なーあーに 八七八	は　ー　あ　ー　い	ここ　で　す　よ

４　七と八で、わらべうたをひきながら、歌ってみましょう。

たこたこあがれー　てんまでとどけー
八七八七八八八　　八八七七八八八

16 ことに挑戦！
「さくらさくら」を弾きましょう

🖳 授業の特徴	歌唱でなじんでいる「さくらさくら」をみんなで分担して箏で演奏します。
📄 ワークシートで身に付く主な力	・弦の名前を見たり唱えたりして，音色に気を付けて箏を演奏する力【技】
🎓 学習指導要領	A表現 (2) 器楽ア，イ(ア)，ウ(イ)，〔共通事項〕(1)ア
✤ 要素	音色，フレーズ，音階

1　学習の流れ

❶ 親指にだけ爪を付けて，「ななな はちー」などと弦の数字を歌ったり弦を弾いたりします。

❷ 4つの部分に分けて練習します。

❸ 自分の好きな部分を選び，みんなで通して演奏します。

❹ チャレンジする児童は，最初から最後まで通して演奏します。

2　準備

体験：「さくらさくら」を歌えるようにしておきます。

教材：使用する箏は，右の写真のような平調子に調弦しておきます。親指にだけ爪を付けます。色々な大きさの爪を用意しましょう。「さくらさくら」は三から九までの弦を使います。

3　学びやすい授業づくりのポイント

①譜面を見ながら初めての楽器を弾くのは，児童にとって難しいことです。この活動では，「七と八だけ」「六七八九を使う」「三四五六を使う」「五六七八を使う」の4つの部分に分けて弾きます。

②下のように弦の数字を唱えて覚える方法もあります。

　例1：教師「なな なな はちー」児童「なな なな はちー」

　例2：教師「なーなーはーー」児童「なーなーはーー」

③4つの部分に分けて弾けるようになったら，児童が自分の弾くところを選んでみんなで通して演奏しましょう。「さくらーさくらー」だけでも心を込めて美しく弾くことが大切だと伝えて，安心して演奏するところを選べるようにします。

④ チャレンジ！　隣り合っていない弦を弾くところが4か所あります。チャレンジする児童には，そこに気を付けることを助言して，みんなで演奏するときに，チャレンジできるようにします。

（宮本　憲二）

器楽｜4年

ことにちょうせん！「さくらさくら」をひきましょう

年　　組　名前

1　①３つの部分に分けてひきましょう。

| 七と八だけ | 六七八九を使う | 三四五六を使う |

②次に最後の　五六七八を使う　を練習しましょう。

③ひくところを分担（たん）して、みんなで「さくらさくら」を美しくひきましょう。

④チャレンジ！　はじめから終わりまでひいてみましょう。〇は１つ前の弦（げん）ととなり合っていないので気をつけましょう。

2　ふり返りをしましょう。きれいにひけましたか。

◎よくできた　〇できた　△おしい

ひいたところ	◎　〇　△	くふうしたこと
七と八だけ		
六七八九を使う		
三四五六を使う		
五六七八を使う		
はじめから終わりまで		

中学年の読譜力の向上

① 音楽はどうやって継承されてきた？

　現代のようにスマートフォンやICレコーダーがなかった時代，音楽を記録する媒体は人々の記憶のみでした。過去に思いついた特定の音を再び演奏しようとするとき，人々は自分の記憶に頼るしかなく，また他人にその音を伝えるにも，演奏を聴かせて記憶してもらう以外ありませんでした。音楽は，口頭伝承という非常にアナログな方法によって，人々の記憶の中に保存されてきたわけです。一方で，人々の記憶や口頭伝承の過程は曖昧なので，偶発的な音の変更や世代間での表現のギャップは当たり前のように生じていました。今日でいうところの即興的な表現や編曲といった行為は，あえて即興や編曲などと呼称するまでもなく，必然的に存在したのです。

② 記録媒体としての楽譜

　しかし，一度つくった音楽をより正確に保存し，効率的に人々と音楽を共有したいと考える人も生まれました。そこで誕生したのが楽譜です。古代ギリシアの人々は文字や文字上の記号を組み合わせることで音楽を記録し，日本では縦書きで漢数字を並べること等で，曲の大枠を示していました。このように，楽譜は音楽を視覚的に保存し後世に継承していくための手段として，それぞれの音楽の特質に応じた方法論のもとに，世界各地で発達していったのです。

　そして，今日学校教育でも使用される五線譜は，世界中に存在する記譜体系の中でも最も論理的で合理的な仕組みを備えた記譜法だと言えます。日本が西洋への憧れをもって様々な文化を輸入する過程で，五線譜というシステムと，それを学校の中で教授・学習するという体制も，次第に整えられていったのです。

③ 楽譜にどう向き合う？

　つまり五線譜とは西洋音楽の記録手段であり，音楽そのものではありません。ボタンを押せば音楽が再生される現代において，五線譜という伝統的な記録媒体の解読方法を教えるには，「この記録媒体を読み解きたい」という児童の意志を促進するような教師の動機付けの力量が何より重要になります。子供たちは五線譜が読めなくても音楽を楽しめるので，かけ算の九九を丸暗記させるような一方的なやり方では決して五線譜の読譜力は身に付かないでしょう。例えば声を出しながら行う簡単な音当てゲーム等を通して，楽しみながら知識を獲得する必要があるかもしれません。もしくは自分が作成した図形楽譜を友達に読み取ってもらうことで，楽譜を媒介に音楽を伝承する，という行為自体の面白さに気付かせるのもよいかもしれません。いずれにせよ「気付いたら読めていた」，あるいは「音楽の読み書きに興味がわいてきた」という状況をつくることが何より大切なのです。

（長谷川　諒）

音楽づくり

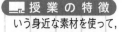

17 ペーパーミュージック
──紙を使って音楽をつくりましょう

授業の特徴 音色の微妙な差や音の質感といった普段見過ごされがちな音の魅力に迫るため，ここでは紙という身近な素材を使って，音色の多様さや音の重ね方の面白さを児童自らが探求し発見するプロセスをクラスで共有します。

ワークシートで身に付く主な力
・色々な音の響きやそれらの組合せの特徴に気付く力【知】
・設定した条件に基づき，即興的に音を選択したり組み合わせて作品をつくり，図形楽譜に表す力【技】
・音色に注目して音や音楽の表現を発想する力【思判表】

学習指導要領 A表現 (3) 音楽づくり ア(ア)，イ(ア)，ウ(ア)，〔共通事項〕(1)ア

要素 音色，強弱，拍（拍のない音楽）

1 学習の流れ

❶ 紙の音に耳を澄まします。 ▶ **❷** 個人で色々な音色を探求します。 ▶ **❸** 発見した音色をグループのメンバーと共有し，グループで音色とリズムに注目した作品をつくります。 ▶ **❹** 自分たちの作品を図形楽譜に表します。

2 準備

教材：新聞紙や模造紙，解体された段ボール等，色々な素材や大きさの紙を準備します。また，図形楽譜を書くための用紙として，模造紙を長辺に沿って半分に切ったものを準備しておきます。楽譜を書く際に，色々な色のペンや大きめのスタンプ（キャラクター等ではなく○や◆といった形が望ましい）があると楽しい活動になります。

3 学びやすい授業づくりのポイント

①紙を列ごとに配布するときに，最初の数枚は「絶対に音を出さないで後ろまでまわしましょう」という指示を出してみましょう。結果的に，静寂の中で紙の音に意識が集まります。

②紙を使って児童に様々な音色を探させます。破いたり，丸めたりすることで多様な音色を生み出すことができるので，子供たちの自由な発想をじっくり待ちましょう。

③グループに分かれ，各自が発見した音をグループのメンバーとシェアします。また，大きな模造紙を複数人で触ることで新たな音を発見できるかもしれません。

④シェアされた音を使って，グループで30秒程度の作品をつくります。そのときに，演奏中に言葉でのコミュニケーションは不可であることを伝えましょう。始まりや終わりのアンサンブルは呼吸やアイコンタクトによって整えます。

⑤自分たちの作品を線や形で表現し，図形楽譜をつくります。このとき，音楽をキャラクターや風景等の絵画的な描写で表すのではなく，あくまで音の形を図形に映しとることが重要。

→18（p.52）に続く　　　　　　　　　　　　　　　　　　　　　　　　（長谷川 諒）

参考文献
・マリー・シェーファー／鳥越けい子他訳（2009）『サウンド・エデュケーション』春秋社

音楽づくり／3年

ペーパーミュージック──紙を使って音楽をつくりましょう

年　　組　名前

1　耳をすまして紙の音をきいてみましょう。紙の音がきこえたら、それをカタカナ、ひらがな、アルファベット、そして「！」や「…」などの記号を使ってひょうげんしてみましょう。

2　いろんな音を使ってグループで作品をつくりましょう。ただしえんそう中にお話をしてはいけませんよ。

3　自分たちの作品を線や形で写し取り、下のわく内に自分なりの図形楽ふをつくりましょう。そして、それらをみんなで見せ合いながら、グループで１つ大きな紙に大きな楽ふを書きましょう。

18 図形楽譜から音楽を生み出しましょう

授業の特徴 主体的な音楽づくりは，五線譜よりも図形楽譜を使った方が促進される場合があります。p.50でつくった図形楽譜を，作者ではない児童が解釈し演奏することで，音色や拍感等への視座が培われます。

ワークシートで身に付く主な力
・色々な音の響きや組み合わせの面白さに気付く力【知】
・図形楽譜に基づいて，即興的に音を選択したり組み合わせたりする力【技】
・図形楽譜を即興的に解釈して表現を考える力【思判表】

学習指導要領 A表現 (3) 音楽づくり ア(ア)，イ(ア)，ウ(ア)，〔共通事項〕(1)ア

要素 音色，強弱，拍（拍のない音楽）

1 学習の流れ

❶ 前回の実践でつくった図形楽譜を並べて，見比べます。 ▶ **❷** 自分たち以外のグループがつくった図形楽譜を選び，表現を考えてみます。 ▶ **❸** グループごとに発表します。 ▶ **❹** 作者と演奏者の意図を比べながら振り返ります。

2 準備

教材：「17　ペーパーミュージック」（p.50）でグループごとに作成した図形楽譜及び音を出すために使った大小様々な紙。児童から要望があれば，リコーダーや鍵盤ハーモニカを使ってもよいでしょう。

3 学びやすい授業づくりのポイント

①まずは個性豊かな図形楽譜をよく眺め，どんな音楽が演奏できそうか考えてみます。

②他者がつくった図形楽譜を使って，グループで演奏してみます。そのときに，図形楽譜の作者の演奏をそのまま再現しようとさせるのではなく，楽譜そのものを解釈して演奏させることが大切です。

③演奏が終わったら，自分たちが演奏した図形楽譜の作者に対してインタビューする時間を設けましょう。実際の演奏が作者の意図どおりだった部分もあれば，そうでない部分もあったはずです。演奏者と作者の意図が異なることに気付く過程で，演奏中に得た音に対する気付きを振り返ることができます。

※世界中の全ての音楽に「ビートがあって旋律があって和音がある」わけではありません。また，世界のどこにもない，子供たちだけの音楽をつくることも，立派な音楽的行為です。この授業と「17　ペーパーミュージック」（p.50）の授業では，「音色への気付き」「拍節感への気付き」を目的としているので，児童の作品が旋律や和音のある「音楽らしい音楽」にならなくても全く問題ありません。児童の柔軟なアイデアに，むしろ教師のほうが驚かされることでしょう。

(長谷川 諒)

音楽づくり｜3年

図形楽ふから音楽を生み出しましょう

年　　組　名前

1 友達がつくった図形楽ふを見くらべて、これからえんそうしたい楽ふをえらびましょう。えらべたら、なぜその楽ふが面白いと思ったのか、その理由を具体的に書いてみましょう。

2 他のグループがつくった図形楽ふを使って、音楽作品をえんそうしてみましょう。必ずしも、作者のえんそうのまねをする必要はありません。グループでそうだんして、耳をすましながら、形を音にしていきましょう。

3 楽ふの作者にインタビューして、自分たちのえんそうの感そうを聞いてみましょう。そして、その結果、気づいたことをまとめましょう。

19 お囃子の音楽をつくって演奏しましょう

授業の特徴	リコーダーと太鼓で，お祭りのお囃子をつくり，みんなで演奏して楽しみます。
ワークシートで身に付く主な力	・♩♩♫♪ のリズムの反復を用いて，ラドレの音で旋律をつくる力【技】 ・お囃子の音楽を工夫する力【思判表】
学習指導要領	A表現 (3) 音楽づくり ア(イ)，イ(イ)，ウ(イ)，〔共通事項〕(1)ア
要素	リズム，拍，音の重なり，反復

1 学習の流れ

❶ 太鼓のリズムを練習します。 ▶ ❷ リコーダーのまねっこ遊びをします。 ▶ ❸ 教師がつくったお囃子の見本を聴きます。 ▶ ❹ 4小節の囃子をつくります。強弱もつけましょう。 ▶ ❺ 友達の打つ和太鼓と合わせ，発表します。

2 準備

体験：手拍子や鍵盤ハーモニカ，リコーダーで，4拍子のまねっこ遊び（教師：ドレド「ハイ」　児童：ドレド　のような反復遊び）を体験しておくとよいでしょう。

教材：締太鼓，小太鼓（響き線を外す），パーランクー（エイサーの太鼓）など。練習のときは机や椅子を打ってもよいでしょう。

3 学びやすい授業づくりのポイント

①まず，手拍子によるまねっこ遊びをします。慣れてきたら机や椅子を打ちましょう。「ドンドコドンドン」のリズムをたくさん使いましょう。できるようになったら，**ワークシート1**を見てリズムを確認します。

②リコーダーを使って，教師と模倣遊びをします。♩♩♫♪ （タンタンタタタウ）のリズムに合わせ，ラドレの3つの音を使って演奏します。教師役を児童と交代しましょう。

③児童に太鼓を打たせ，教師がつくったお囃子を聴きます。このときに，**ワークシート2**を大画面に映して，書き方も確認します。

④**ワークシート2**を使って，4小節の旋律をつくります。終わりの音は，レで終わるようにします。強弱もつけましょう。

⑤お囃子の音楽が仕上がったら，友達とペアで練習します。1人は太鼓，1人はリコーダーを演奏します。太鼓の数が少ない場合は，机や椅子で練習してもよいでしょう。

⑥**ワークシート4**に工夫したことを書き，演奏の発表をしましょう。**ワークシート**を大画面に映して，みんなで一緒に演奏したり，リレーをしたりしてもよいですね。

(城 佳世)

音楽づくり／3年

おはやしの音楽をつくってえんそうしましょう

年　　組　名前

1　たいこのリズムを練習しましょう。

ドン	ド	コ	ドン	ドン

2　ラドレの３つの音をつかって、おはやしをつくりましょう。下の表の使う
音の□に○を書きましょう。

	タン	タン	タ	タ	タ	ウ
レ						
ド						●
ラ						

	タン	タン	タ	タ	タ	ウ
レ						
ド						●
ラ						

3　たいことリコーダーを合わせて、楽しいおはやしにしましょう。

4　くふうしたところを書きましょう。

20 「ミソラ」「ラドレ」の音で リコーダーの曲をつくりましょう

授業の特徴 音楽の仕組みを生かして，4人のグループでリコーダーを用いて旋律をつくります。

ワークシートで身に付く主な力
・音やフレーズのつなげ方の特徴に気付く力 **【知】**
・音楽の仕組みを用いてつくる力 **【技】**
・表したいイメージと関わらせてこのような旋律をつくりたいという考えをもつ力 **【思判表】**

学習指導要領 A表現 (3) 音楽づくり ア(イ)，イ(イ)，ウ(イ)，〔共通事項〕(1) ア

要素 フレーズ，反復，変化，呼びかけとこたえ

1 学習の流れ

❶ 日本のうた「うさぎ」等を歌います。リコーダー既習曲をタンギングや音色に気を付けて演奏します。

❷ 既習曲やまねっこリズムを通して，「音楽の仕組み」の「反復」や「呼びかけとこたえ」を復習します。今回の音楽づくりのルールを理解します。

❸ どんな感じにしたいかグループで相談し題名を決めます。Aチーム「ミソラ」Bチーム「ラドレ」に分かれて旋律をつくり，つなげます。

❹ 各グループの発表を行います。工夫したところを言葉で伝えて，つくった音楽を発表します。振り返りをし，管を掃除して片付けます。

2 準備

体験：授業開始前から，日本のわらべうたの CD を流しておきます。まねっこリズム等を通して「反復（繰り返し）」や「呼びかけとこたえ」を復習します。

教材：運指や姿勢の図，つくり方の進行表，本学習で使う5音の五線譜を黒板に提示します。

3 学びやすい授業づくりのポイント

①**学習の流れ❸**：グループ内での進め方

(1)1グループ内で「ミソラ」を使うAチーム2名と「ラドレ」を使うBチーム2名に分かれます。

(2)A1名→B1名→A1名→B1名の流れで担当を決め，**ワークシート**に担当者名を書きます。

(3)グループで相談してイメージを共有した後，題名を決めます。

(4)個々で2小節の旋律をつくります（※最後の音は「ラ」で終わるように指定します）。必ずリコーダーで音を出して試しながら，音符下にある四角内に階名を書き込んでいきます。

(5)音楽の仕組みの「反復（繰り返し）」，「呼びかけとこたえ」を生かすように言葉かけをします。

(6)4人でつなげて歌ったり演奏したりして，運指が難しいところやつなげにくいところ，イメージと違うと感じるところを，相談しながらつくり変えます。

(7)ここまでできたグループは，チャレンジとしてリズムを変えてもよいです。

②**学習の流れ❹**：グループの題名と工夫した点を口頭で述べた後演奏します。

(山中 和佳子)

音楽づくり｜3年

「ミソラ」「ラドレ」の音でリコーダーの曲をつくりましょう

年　　組　名前

♪今回のルール♪

・4/4拍子で8小せつのせんりつを、グループでつくりましょう。

・♩♩♩ ♪ のリズムでつくりましょう。

・Aチームは「ミソラ」、Bチームは「ラドレ」を使います。

・リズムと小せつは、下のようにつなげましょう。

A 「ミソラ」　〇〇さん	B 「ラドレ」　□□さん	A 「ミソラ」　◇◇さん	B 「ラドレ」　☆☆さん

・リコーダーでたしかめながら、「くりかえし」や「よびかけとこたえ」をつかって、音のつなげ
　方をくふうしましょう。

・おわりは、「ラ」の音でおわりましょう。

１ あらわしたい様子とグループの曲の題名を書きましょう。

あらわしたい様子　　　　　　　　　　　　　　　　　　　曲の題名

２ 音ぷの下にある四角の中に、つくった音楽を階名で書きましょう。

チャレンジ！　もっとイメージに合うようにリズムをかえてみましょう。

３ くふうしたこと、おもしろかったこと、むずかしかったことなどを書きま
しょう。

21

つくったリズムを重ねて，楽しい音楽をつくりましょう

授業の特徴 グループで４小節のリズムをつくり，つくったリズムを重ねて表現する面白さを味わいます。

ワークシートで身に付く主な力
・リズムのつなげ方や重ね方の特徴に気付く力【知】
・複数のリズムを組み合わせて音楽をつくる力【技】
・リズムのつなげ方や，重ねたリズムの表現方法（速度，強弱，楽器の組合せ）を考える力【思判表】

学習指導要領 A表現 (3) ［ア(イ)］，［イ(イ)］，［ウ(イ)］，〔共通事項〕(1)［ア］

要素 リズム，音色，強弱，速度，音楽の縦と横との関係

1 学習の流れ

❶ ワークシート■のリズムを教師が打ち，児童がまねっこします。次に児童が❶から❻の中から１つ選んで練習し，順番に児童A→みんなでまねっこ→児童B→みんなでまねっこをして，リズムに親しみます。

❷ ３人でグループになり，ワークシート❷から❹に取り組みます。

❸ できた作品に題名をつけて，発表します。

2 準備

体験：教師と児童，児童同士で４拍のまねっこリズムを体験しておきます。

教材：打楽器（カスタネット，クラベス，タンバリン，鈴，トライアングル，シェーカー等）

3 学びやすい授業づくりのポイント

①**ワークシート■**では，まねっこリズムとしていますが，上手になったら，４小節つなげて打つ練習を何種類か行うと，見通しをもってリズムをつくる活動に取り組みやすくなります。

②**ワークシート❷**での記譜は，グループの３人が共有できる方法でよいことにしましょう。１，２，３小節を異なるリズムにしたほうが面白いと助言しましょう。

③**ワークシート❸**では，３人で追いかける順番を決めて，決めた回数を演奏します。まずは拍にのって２回（８小節分）演奏して，重なりの面白さを味わえるようにしてください。

A児	1	2	3	4	5	6	7	8	休	休
B児	休	1	2	3	4	5	6	7	8	休
C児	休	休	1	2	3	4	5	6	7	8

④**ワークシート❹**では，気に入った速度を見つけたり，強さを演奏中に変えたりして，自分たちの気に入った表現を見つけます。

⑤楽器で重ねると，題名がつけやすくなります。例えば鈴を使うグループは「クリスマス」をイメージするかもしれません。木製の楽器を重ねると「森」の音楽になるかもしれません。題名を発表してから演奏し，個性豊かな重なる音楽の面白さをみんなで味わいましょう。

（宮本 憲二）

音楽づくり／4年

つくったリズムを重ねて、楽しい音楽をつくりましょう

年　　組　名前

1 次の❶から❻のリズムから１つ選んで、まねっこリズムをしましょう。

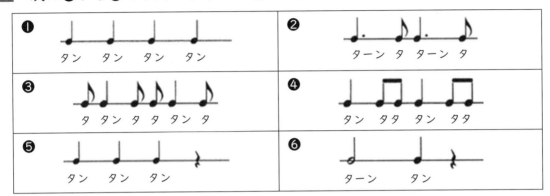

❶ タン　タン　タン　タン	❷ ターン　タ　ターン　タ
❸ タ　タン　タ　タ　タン　タ	❹ タン　タタ　タン　タタ
❺ タン　タン　タン	❻ ターン　　タン

2 グループで❶から❻のリズムを組み合わせて４小節のリズムをつくりましょう。

ルール ①１、２、３小節は、❶から❹の中から選びましょう

②４小節は、❺と❻のどちらかを選びましょう

③書くのは音ぷ（♩♩♩など）でも、数字（❶❻など）でも、タンタンなどと書いてもよいです。

1	2	3	4

3 追いかけっこのリズムえんそうをしましょう。

ルール ①何回くりかえすか、決めましょう（まずは２回でえんそうしてみましょう）。

②１小節ずつ、おくれて打ちます。

③えんそうの順番を決めて、始めましょう。

4 いろいろなくふうを試してみましょう。

くふう ①いろいろな速さで、えんそうしてみましょう。

②いろいろな強さで、えんそうしてみましょう。

③それぞれ音色のちがう楽器を使って、えんそうしてみましょう。

5 完成したリズム作品に題名をつけて発表しましょう。

題名

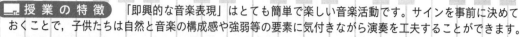

サインを使って即興演奏をしてみましょう

22

授業の特徴 「即興的な音楽表現」はとても簡単で楽しい音楽活動です。サインを事前に決めておくことで，子供たちは自然と音楽の構成感や強弱等の要素に気付きながら演奏を工夫することができます。

ワークシートで身に付く主な力
・色々な音の響きやそれらの組み合わせの特徴に気付く力【知】
・設定した条件に基づいて即興的に音を選択したり組み合わせたりする力【技】
・周りの音を聴きながら即興的に音楽表現を工夫する力【思判表】

学習指導要領 A表現 (3) 音楽づくり ア(ア)，イ(ア)，ウ(ア)，〔共通事項〕(1) ア

要素 音色，強弱，変化

1　学習の流れ

❶ 1人が指揮者，それ以外がプレイヤーのグループに分かれます。各プレイヤーの楽器がバラバラだと楽しい。

❷ プレイヤーたちは2つか3つほど，好きなフレーズを考えてストックにしておきます。

❸ 指揮者に指差されたら，各プレイヤーはストックの中からフレーズを選んで演奏を始めます。

❹ サインに合わせて即興演奏！

2　準備

教材：リコーダー，カスタネット，砂を入れたペットボトル，空き缶等，面白い音が出るならどんな物でも参加可。ただし，多様な音量や音色が出せる物を選んだ方が面白いです。グループ内で楽器や音色が重ならないほうがよいでしょう。特徴的な音の出る楽器（スライドホイッスルやウインドチャイム，民族楽器等）があればぜひ活用しましょう。

3　学びやすい授業づくりのポイント

①5〜6人のグループの中で，サインを出す指揮者と楽器を演奏するプレイヤーに分かれます。

②プレイヤーは，繰り返し演奏し続けることのできるフレーズをいくつか考え，ストックとして**ワークシート**に記録します。このフレーズは，「バンッ！！」のような短い音の連続でも構いませんし，一定のビートのあるものでも構いません。

③全員で，**ワークシート**にあるサインを覚えましょう。全部を使う必要はなく，必要があればグループごとにオリジナルのサインを考えても構いません。また，プレイヤーは，一度演奏を始めたら「ストップ」のサインが出るまでひたすら演奏し続けます。児童の演奏が干渉し合い，フレーズが多少変わってしまうかもしれませんが，全く問題ありません。

④指揮者を取り囲むように半円状に集まったら，指揮者の合図で演奏開始。指揮者は各楽器の特性を何となく考えながら音楽の構成を工夫することになりますが，プレイヤーは自分のストックの中からどのフレーズを演奏しても構わないので，指揮者自身もどんな音楽になるのか予想ができません。参加者全員に即興性が求められるのが，この演奏の面白いところです。

(長谷川 諒)

サインを使って即興演奏をしてみましょう

年　　組　名前

1 指き者とプレイヤーに分かれましょう。指き者は音楽を組み立てる人、プレイヤーは音を出す人です。

2 プレイヤーは、自分が好きなフレーズをいくつか考えましょう。「バンッッ！！」のような短くて大きな音でもいいし、「ガサガサガサ…」のような長く続く音でも、もちろんすきなリズムパターンでもいいです。とにかく面白い音をさがし、カタカナやひらがなで思いついたフレーズを記録しておきましょう。

3 最初にいくつかサインを決めておきましょう。

〈サインの例〉

スタート

指差されたプレイヤーはすきなフレーズを選んで演奏を始める

あなたたち

うでのはんいに入っている人たちは次に「音量↑／↓」や「チェンジ」のサインがくる

音量 ↑／↓

うでの動きに合わせて音量を変化させる

チェンジ

ストックの中から別のフレーズを選んで演奏する

ストップ

目が合ったプレイヤーは、サインと同時に演奏を止める

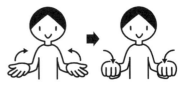

全員ストップ

全員同時に、サインに合わせて演奏を止める

4 さぁ、指き者の合図でえんそうを始めましょう。プレイヤーはえんそう中に思いついた新しいフレーズにチャレンジしてもいいですよ。どんな音楽になるかは、始まってみないとわかりません。

コンピュータでリズム伴奏を 23 つくりましょう

🖥 授業の特徴	タブレットを使いドラムループ音源を組み合わせて，音楽をつくります。
📄 ワークシートで 身に付く主な力	・曲想とリズムとの関わりに気付く力【知】 ・即興的に音やリズムを選択したり組み合わせたりしてリズム伴奏をつくる力【技】 ・リズムパターンの特徴を生かして，どのように重ねるかを考える力【思判表】
🔖 学習指導要領	A表現 (3) 音楽づくり ア(ア)，イ(ア)，ウ(ア)，〔共通事項〕(1)ア
✚ 要素	リズム，反復，音楽の縦と横との関係

1　学習の流れ

❶ ドラムループ音源に合わせて，ポピュラー音楽の特徴である偶数拍を強く感じるよう拍を打ちます。

❷ ドラムループ音楽に合わせて拍を打ちながら，知っている歌を歌います。

❸ グループごとに様々なドラムループ音源を聴き，お気に入りの重なりを見つけます。

❹ つくったドラムループ音源に合わせて，好きな歌を選び，歌います。ノリノリで発表しちゃいましょう！

2　準備

体験：タブレットPCを使った学習を，他教科ですでに行っているとスムーズです。

教具：無料の音楽制作アプリ「Music Maker Jam」（iPhone，Android，PC対応）の入ったタブレットをグループに1つ。教師のタブレットを映す大画面。

3　学びやすい授業づくりのポイント

①**学習の流れ❶**では，アプリのドラムループ音源を流しながら，ポピュラー音楽の特徴である偶数拍を強く打つ体験をします。「1（足）-2（手）-3（足）-4（手）」が取り組みやすいでしょう。RadioRock にある低い音の打楽器だけの「MunichDrumsD」を基本として他の音源を重ねてはいかがでしょうか。

②**学習の流れ❷**では拍を打ちながら2拍子か4拍子のよく知っている歌を歌います。おなじみの歌が，リズムの変化により全く異なる表情になることを体験します。

③**学習の流れ❸**では，「MunichDrumsD」と重ねる，グループでお気に入りのドラムループ音源を探します。シンバルの音やカウベル音などが入っているような色々な音源を選ぶことができます。あらかじめ聴いて，「先生のおすすめ！」の音源を選んでおき，紹介するとよいと思います。

④**学習の流れ❹**では，2つのドラムループ音源を重ねてつくったグループのオリジナルの音源に，知っている2拍子か4拍子の歌を，拍を打ちながら歌って発表します。

⑤重ねたドラムループ音源を流しながら，「12　tututu の音楽をつくってまねっこしましょう」（p.38）を参考にして，リコーダーでカッコいいお話をすることもできます。　　　　　（森 薫）

音楽づくり／4年

コンピュータでリズムばんそうをつくりましょう

年　　組　名前

1 ドラムの音に合わせて、1–2̇–3–4̇のように、ぐう数拍を強く感じて打ちましょう。

2 ぐう数拍を強く感じて、拍を打ちながら「かえるのがっしょう」と「きらきら星」を歌った感想を書きましょう。

気づいたこと、感じたこと

3 カッコいいリズムばんそうをつくりましょう。

選んだ音のとくちょう

4 つくったリズムばんそうに、すきな歌を合わせて発表しましょう。「かえるのがっしょう」や「きらきら星」などの短い歌も OK です。

選んだ歌

5 発表会のふりかえりをしましょう。

自分たちのグループのよいところ

他のグループのよいところ

24 おことで「さくらさくら」の前奏をつくりましょう

💻 授業の特徴	箏の音色の特徴を生かして曲に合う前奏を考えます。
📄 ワークシートで身に付く主な力	・「さくらさくら」に合う前奏の場面を考え，どのように箏で表すかについて工夫する力【思判表】
📖 学習指導要領	A表現 (3) 音楽づくり ア(イ)，イ(イ)，ウ(イ)，〔共通事項〕(1)ア
✤ 要素	音色，旋律，拍

1 学習の流れ

❶ 「さくらさくら」を歌い，歌詞の内容や曲想等を確認します。次に，作成したワークシート❶の内容を発表します。

❷ ワークシート❶の内容をグループで考えて，どのような前奏にするか，箏を弾きながら音で確かめ，色々試しながらワークシート❷を書きます。

❸ ワークシート❸の項目を書き，気を付けたこと，工夫した点を述べ，グループごとに前奏を演奏します。

2 準備

体験：「さくらさくら」を覚えて歌えるようにします。「16 ことに挑戦！『さくらさくら』を弾きましょう」（p.46）の学習を経験しておきます。

教材：数名に一面の箏（できれば２名に一面），全員分の爪（親指だけ。様々なサイズを用意する），書画カメラと大画面。

3 学びやすい授業づくりのポイント

①イメージをもって音楽づくりをするために，例示したように情景を考えます。

②ワークシート❷の活動に入る前に，ワークシート❶の例に応じた右記の図形楽譜を示して説明したり，箏で試したりしてみましょう。

③ワークシート❷に書き込む際，終わった感じを出すために，終わりの弦を「一」「五」「十」のいずれかにすることを伝えておきます。

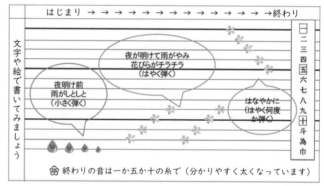

④図形楽譜は音の大きさと図形の大きさを一致させたり，イメージする情景をイラストや文字で表したりするとよいことを伝えて楽しく前奏をつくりましょう。

⑤つくったグループの児童が前奏を弾き，続いてみんなで歌ったり弾いたりします。様々な情景の前奏を楽しみましょう。

(宮本 憲二)

音楽づくり／4年

おことで「さくらさくら」の前奏をつくりましょう

年　　組　名前 _____

１ 曲に合う前奏の場面を考えて、書いてみましょう。

> 例：夜明け前、雨がしとしとふっています。夜明けとともに、雨がやみ、花びらが美し
> くまい始めました。

２ ワークシート**１**で考えた内ようを、文字や絵などを使って書きましょう。
書き終えたら、おことをひいて、たしかめてみましょう。

	はじまり → → → → → → → → → → → →終わり	一 二 三 四 五 六 七 八 九 十 斗 為 巾
文字や絵で書いてみましょう		

🌸 終わりの音は一か五か十の糸で（わかりやすく太くなっています）

３ 前奏をつくるとき、場面に合うようにつくるために工夫したことを書きま
しょう。

中学年の情報活用能力の育成

① 新学習指導要領における「情報活用能力」

　新学習指導要領（平成29年告示）では「学習の基盤となる資質・能力」として，「言語能力」「情報活用能力（情報モラルを含む）」「問題発見・解決能力」が示されました。『小学校学習指導要領（平成29年告示）解説　総則編』において，情報活用能力は「世の中の様々な事象を情報とその結び付きとして捉え，情報及び情報技術を適切かつ効果的に活用して，問題を発見・解決したり自分の考えを形成したりしていくために必要な資質・能力」とされています。つまり，単なる ICT の活用や，コンピュータプログラミングの技能の習得を目指すものではないといえます。授業の構築にあたっては，①課題の設定，②情報の収集，③整理・分析，④まとめ・表現，のプロセスを意識するとよいでしょう。いわゆるプログラミング的思考の育成につながります。また，情報活用能力はカリキュラム・マネジメントの観点から，各教科等や学年で意図的，計画的に行うことが求められています。音楽科はもちろん，他教科や特別活動，総合的な学習の時間などとの関連付けを図ることも大切です。

② 中学年で求められる情報活用能力―音楽の授業の場合

　中学年では，調査や資料等から情報を収集し情報同士のつながりを見つけたり，友達同士で考えを深めたりして表現することがあげられます。グループごとに郷土の民謡を調べる鑑賞の授業を，先述の①から④におきかえてみましょう。①郷土の民謡を聴いて，「どんな場面で歌われるのか」「いつから歌われているのか」「誰が歌うのか」など，疑問に思ったことを課題として設定します。②児童が，それぞれの課題について情報を収集します。地域の方に話を聞いたり，社会科の地域学習と関連付けたりするとよいでしょう。インターネットで調べ学習をするのもよいですね。③収集した情報を持ち寄って，グループごとに発表資料をつくります。中学年で大切なのは，友達同士で意見を交流しながら考えを深めていくことです。個人で調べた情報を統合したり，整理したりしながら，グループで１つの資料を作成しましょう。模造紙等にまとめたり，コンピューターを使ってプレゼンテーションのための資料を作成したりするとよいでしょう。④発表資料（③で作成したもの）を使ってグループで発表します。大画面のモニター等を活用するとよいでしょう。②の情報の収集では，こぶしやゆれ，発声，旋律の構成音をなどの音楽的特徴を調べると一層よいでしょう。

（城　佳世）

参考文献
・文部科学省（2018）『小学校学習指導要領（平成29年告示）解説　総則編』東洋館出版社
・文部科学省（2018）『情報活用能力を育成するためのカリキュラム・マネジメントの在り方と授業デザイン』

鑑　賞

25 アルルの女から「かね」──かねの音に注目し，旋律の変化のよさを感じ取りましょう

授業の特徴 特徴的なリズムや音色に注目し，想像力を働かせて三部形式の音楽を味わいます。

ワークシートで身に付く主な力
・曲想及びその変化と音楽の構造との関わりについて気付く力【知】
・曲のよさなどを見いだし，曲全体を味わって聴く力【思判表】

学習指導要領 B鑑賞(1)ア，イ，〔共通事項〕(1)ア

要素 音色，旋律，反復，変化，音楽の縦と横との関係

1 学習の流れ

❶ ホルンの鐘の音に注目し，3拍子を感じ取ります。 ➡ ❷ 中間部分には鐘の音が出てこないことに気付きます。 ➡ ❸ ア→イ→アの三部形式であることに気付きます。 ➡ ❹ ア→イ→アが表す場面の変化を言葉で表してみましょう。 ➡ ❺ 曲全体のよさを考えましょう。

2 曲の解説

「かね」は，ビゼー（フランス 1838-1875）の「アルルの女」第1組曲全4曲の終曲です。曲の場面は，南フランスの豪農の息子が，恋をした女性ではなく，許嫁と結婚式をあげるところです。鐘はホルン以外にハープと第2ヴァイオリンのピチカートが演奏します。

3 準備

教科書や歌集に掲載されている歌やリコーダー演奏で，3拍子の曲に親しんでおきましょう。
（曲の例：「もしもコックさんだったなら」，「冬さん，さようなら」（ドイツ民謡））

4 学びやすい授業づくりのポイント

①この曲はア（はじめ）→イ（なか）→ア（おわり）の三部形式ですが，最初はア「はじめ」だけ聴きます。鐘の音が聴こえたら手を挙げることで，聴き取るポイントに注目して聴くことができます。またどんな鐘の音が聴こえるのか擬音語で表してみましょう。

②鐘の音が3回（G♯，E，F♯）の繰り返しであり，曲が3拍子であることに気付いたら，片手で三角形を描くように指揮をしてみましょう。

③鐘の音以外にも，どんな旋律が合わさっているのか曲の雰囲気も感じ取りましょう。

④次にイ「なか」部分を鐘の音や旋律はどうなるのかを予想して聴いてみます。ここでも鐘の音が聴こえたら手を挙げるようにしますが，鐘の音がしないことに気付くでしょう。また，$\frac{6}{8}$拍子であり旋律も「はじめ」とは異なる雰囲気であることを言葉で表しましょう。

⑤「おわり」の部分がどうなるのか選択肢として，「はじめ」と同じ，「なか」が続く，全然違う音楽と予想しながら聴くと，楽しみながら音楽の構造を捉えることができます。 （門脇 早聴子）

アルルの女から「かね」
──かねの音に注目し、せんりつのへんかのよさを感じ取りましょう

年　　組　名前　_____

1 これから流す曲は、「はじめ」「なか」「おわり」の３つの部分からできています。「はじめ」の部分には、かねの音が出てきます。かねの音がきこえたら手をあげましょう。

2 かねの音はどんな音か、言葉で書いてみましょう。（れい：ピーヒャララ）

3 2で書いた音を鳴らしている楽きは、下のうちどの楽きか〇をしましょう。

4 この曲は、何びょうしでしょうか。　　　　　　　（　　　　　）びょうし
ひょうしに合わせて、指きをしてみましょう。

5 「はじめ」：どんなせんりつが合わさってきこえるか書いてみましょう。

6 「なか」：「はじめ」の部分と、同じところやちがうところを書いてみましょう。

7 「おわり」は、どんな音楽になるでしょう。よそうして〇をしましょう。

「はじめ」と同じ　　　　「なか」がつづく　　　　「はじめ」「なか」とちがう音楽

8 この曲全体のよさを書いてみましょう。

26 アルルの女から「メヌエット」
——フルートとハープの音色を味わいましょう

授業の特徴 フルートとハープの音色と，曲の雰囲気の変化（A－B－A）を味わって聴きます。

ワークシートで身に付く主な力
・曲想及びその変化と音楽の構造との関わりについて気付く力【知】
・楽器の音色の違いなどに注目しながら曲や演奏のよさなどを見いだし，曲全体を味わって聴く力【思判表】

学習指導要領 B鑑賞(1)ア，イ，〔共通事項〕(1)ア

要素 音色（フルートとハープ），速度，拍，反復（A－B－A），音楽の縦と横との関係（旋律と伴奏との関わり）

1 学習の流れ

❶「はじめ」のフルートとハープの音色を聴き分けます。 → ❷旋律部分をスカーフで表現してみましょう。また線で表し視覚化させましょう。 → ❸旋律と伴奏の音の動きの違いを気付いた上で3拍子を感じましょう。 → ❹「はじめ」と「なか」は曲の感じが異なりますが，拍や速度は同じことに気付きます。 → ❺三部形式をじっくりと味わいましょう。

2 曲の解説

　「メヌエット」は，ビゼー（フランス 1838-1875）作曲「アルルの女」第2組曲全4曲の3曲目です。非常に優雅なメヌエットで，ハープを伴奏にフルートがゆったりと演奏を始めます。中間部分は他の楽器を加え厚みを増し，最後はまたフルートとハープによる演奏で終わります。

3 準備

教材：スカーフやハンカチ（旋律部分のやわらかな音色を，体の動きで表現します）
　　　CD「アルルの女」第1組曲＆第2組曲，カラヤン指揮（ユニバーサルミュージック）

4 学びやすい授業づくりのポイント

①「はじめ」部分を流し，旋律のフルートと伴奏のハープを聴き分けます。楽器名が分からなくても，なぜそのように聴こえたのか，各楽器の音色に注目して考えることが大切です。

②スカーフ等を使って旋律部分を体の動きで表現してみます。やわらかく空気を含むようにスカーフを動かすと，曲の優雅な雰囲気とともに音の高低を表現することができます。また空間で表したものを線で描くことで，感じ取ったことを視覚化させることができます。

③旋律と伴奏を比較し，音の動きの違い等に気付きましょう。また，伴奏の1拍目を意識して聴くことで，この曲が何拍子なのかを感じ取ることにつながります。

④「なか」部分はこれまでと違い，楽器の数も増え賑やかな雰囲気に変わりますが，拍や速度は「はじめ」と同じであることに注目しましょう。

⑤全体を通して聴き，この曲がA→B→Aの三部形式であることを確認しましょう。

（門脇 早聴子）

アルルの女から「メヌエット」

年　　組　名前

1 これから流す曲の「はじめ」部分には、2つの楽器が出てきます。何の楽器か当ててみましょう。

2 2つの楽器は、せんりつと、ばんそうに分かれていますが、それぞれどちらの楽器がえんそうしているでしょうか。また、それはなぜですか。

せんりつ	ばんそう
理由	理由

3 せんりつの部分を、曲に合わせて手（またはスカーフやハンカチ）で表してみましょう。また、手で表したものを線で書いてみましょう。

4 ばんそう部分は、せんりつとくらべてどのようにきこえましたか。

5 この曲は何びょうしでしょうか。　　　　　　（　　　　　）びょうし

6 「なか」部分をきいて、「はじめ」と同じところとちがうところはどこですか。

7 「おわり」まできいて、気づいたことやいいなと思ったことを教えてください。

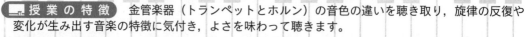

27 トランペットとホルンの音色の特徴を感じ取りましょう
—— 「トランペットふきの休日」「アレグロ」「アラ ホーンパイプ」

■ 授業の特徴 金管楽器（トランペットとホルン）の音色の違いを聴き取り，旋律の反復や変化が生み出す音楽の特徴に気付き，よさを味わって聴きます。

📄 ワークシートで身に付く主な力
・曲想及びその変化と音楽の構造との関わりについて気付く力【知】
・楽器の音色の特徴に注目しながら曲のよさを見いだし，全体を味わって聴く力【思判表】

🎓 学習指導要領 B鑑賞(1)ア，イ，〔共通事項〕(1)ア

🎯 要素 音色（トランペットとホルン），呼びかけとこたえ

1 学習の流れ

❶ 「トランペットふきの休日」と「アレグロ」を聴き，トランペットとホルンの音色の特徴を図や言葉で表しましょう。 ▶

❷ 各楽器の特徴や演奏方法について映像を見て観察し，共通点や相違点をメモしましょう。音色との関係にも注目しましょう。 ▶

❸ トランペットとホルンのソロが両方出てくる「アラ ホーンパイプ」を聴き，どちらが演奏しているのか演奏順を聴き取りましょう。

2 準備

教材：アンダーソン（アメリカ 1908-1975）作曲「トランペットふきの休日」，モーツァルト（オーストリア 1756-1791）作曲「アレグロ」の音源，ヘンデル（ドイツ 1685-1759）作曲「アラ ホーンパイプ」の映像（Voices of Music が公開 https://www.youtube.com/watch?v=1h4mAceHmrI）

3 学びやすい授業づくりのポイント

①「トランペットふきの休日」と「アレグロ」を聴き，トランペットとホルンの音色の特徴を聴き取ります。それをまず記号や色を使って表すことで，言葉で表現するのが難しい児童も視覚化することで，自分の感じたことを言語化へと導くことが容易になります。

②楽器の特徴や演奏方法の共通点，相違点については，演奏している動画を見ながら確認しましょう。マウスピースは両者ともありますが，口に当たる部分の形は異なります。また手の位置は音色をつくる大事な役割を果たします。管の長さと音色に注目しても面白いでしょう。

③トランペットとホルンの音色を聴き取ることができるようになったら，「アラ ホーンパイプ」を聴いてみましょう。この曲はトランペットとホルンが呼びかけとこたえのようなかけ合いが特徴です。そこで鑑賞時トランペットが鳴ったら右手，ホルンなら左手，オーケストラ全体は両手を挙げて，本当に聴き分けられているかゲーム感覚で楽しむとよいでしょう。

※このワークシートは，2時間扱いを想定しています。

（門脇 早聴子）

トランペットとホルンの音色の特徴を感じ取りましょう

年　　組　名前

１　楽器の音色はどんな音でしょうか。

①音色のとくちょうを図形や色を使って表しましょう。

②①の図形を言葉で表そう。それ以外にも「こんな音にきこえた！」を書いてみましょう。

（言葉のれい：高い音・低い音、あたたかい音・つめたい音、かたい音・やわらかい音など）

音色	１曲目　楽器（　　　　　　　　　） 曲名_____	２曲目　楽器（　　　　　　　　　） 曲名_____
① 図形		
② 言葉		

２　楽器のとくちょうやえんそう方法をかんさつして、にているところとちがうところをメモしましょう。

	楽器（　　　　　　　　　）	楽器（　　　　　　　　　）
にている ところ		
ちがう ところ		

３　「アラ ホーンパイプ」をきいて、楽器の演奏順を考えてみましょう。

①曲をききながらトランペットは右手、ホルンは左手、オーケストラは両手をあげましょう。

②自分でききとった楽器の演奏順を 卜 ・ ホ ・ オ で記してみましょう。

　出てくる楽器は、 卜 …トランペット、 ホ …ホルン、 オ …オーケストラの３つです。

□ → □ → □ → □ → □ → □ → □ → □ → □

４　「アラ ホーンパイプ」をはじめてきく人へ、おすすめポイントを書いてみましょう。

のところが、おすすめです！

28 祭り囃子を味わって聴きましょう

授業の特徴	太鼓と笛と鉦の楽器の音色やリズムに注目します。
ワークシートで身に付く主な力	・曲の雰囲気と音色やリズムなどの特徴との関わりに気付く力【知】 ・祭り囃子のよさを見いだし味わって聴く力【思判表】
学習指導要領	B鑑賞(1)ア, イ, 〔共通事項〕(1)ア
要素	音色, リズム, 速度, 拍, 反復, 変化

1 学習の流れ

❶ どんな楽器が使われているかを考えながら聴きます。 ▶ **❷** どんな音が聞こえてきたかを言葉で表します。 ▶ **❸** それぞれの楽器はどんな感じがするかを話し合いましょう。 ▶ **❹** どの楽器が好きだったか, 好きな理由を発表しましょう。

2 準備

教材：お囃子の映像と大画面モニターを準備します。総務省の「ふるさとデジタル図書館」（https://www.chiikinogennki.soumu.go.jp/furusato/FP010201/）には，「ねぶた祭のお囃子」や「川ノ内囃子」などの映像があります。国や県，保存会など，必ず信頼がおけるサイトの映像を用いるようにしましょう。

3 学びやすい授業づくりのポイント

①**ワークシート■**では，お囃子の音源を聴いて「どんな音が聴こえてきたか」を言葉（オノマトペ）で表します。発表して交流し，それぞれのオノマトペが何の楽器の音なのかを想像させます。

②**ワークシート2**では，映像を見てそれぞれの音が何の楽器を表していたかを見つけます。見つけたら，楽器の名前を記入します。学校に楽器がある場合は，直接見たり，さわったりしてみましょう。

③それぞれの楽器の音を聴いて，どんな感じがするかを記入しましょう。楽器の音に合わせて，手拍子をするとよいでしょう。手拍子が打てないリズムがあることや，同じリズムの反復，速度の変化などに気が付きます。①と関連付け，「笛は音やリズムがはっきりしていないので，風が吹いているような感じがする」「鉦や太鼓は同じリズムが少しずつ速くなっているので，盛り上がってくる感じがする」などの答えが出てくるとよいですね。

④どの楽器が好きだったか，また，好きな理由を記入して発表します。友達と意見を交流してから再度鑑賞しましょう。色々な楽器のよいところを交流することで，自分の好きな楽器だけではなく，全体のよさを味わって聴くことができるようになります。

(城 佳世)

祭りばやしを味わってききましょう

<u>　年　　組　名前　　　　　　　　　　</u>

1 どんな音がきこえましたか。3つ見つけて言葉で書きましょう。

れい：ヒーヨーヒーヨー、ジャンジャンなど

2 それぞれの楽器の名前を書きましょう。

3 それぞれの楽器はどんな感じがしますか。

楽器	音楽のとくちょう	感じたこと
ふえ		
かね		
たいこ		

4 どの楽器の音がすきですか。すきな理由も書きましょう。

すきな楽器（　　　　　　　　　　　　　　）

すきな理由

5 **1**から**4**で学んだことをもとに、祭りばやしのよさを書きましょう。

29 「白鳥」のよさや美しさを見つけましょう

🖥 授業の特徴	チェロとピアノに着目し，「白鳥」の音楽のよさを考えます。
📄 ワークシートで身に付く主な力	・曲想と音楽の構造との関わりに気付く力【知】 ・音楽的な理由を伴って曲のよさを見いだし，曲全体を味わって聴く力【思判表】
📖 学習指導要領	B鑑賞(1)㋐，㋑，〔共通事項〕(1)㋐
✿ 要素	音色，旋律，反復，音楽の縦と横との関係

1 学習の流れ

❶ 楽器に着目して「白鳥」を聴き，感じたことや気付いたことをメモしながら，曲のいいなと思うところを見つけます。

❷ チェロとピアノの旋律をなぞり，チェロが白鳥，ピアノが湖を表していることに気付きます。理由も考えます。

❸ 「白鳥」が世界中の人から愛されている理由を，曲のよさや美しさを見いだしながら考えます。お友達のよい考えも学び，書き留めます。

2 曲の解説

　「白鳥」は，「動物の謝肉祭」の第13曲です。伴奏のピアノが水の波紋を表すように美しく分散和音の音型を反復し，その伴奏の上で奏でられるチェロの4分音符を中心としたゆるやかな旋律は，水面を優雅に泳ぐ白鳥のようだと形容されることが多い作品です。

3 準備

教材：教科書準拠の「白鳥」のCD。楽譜を写す大画面。

4 学びやすい授業づくりのポイント

①**ワークシート1**では，チェロとピアノに着目して項目にあるような事柄を自由にメモさせます。チェロだけでも，ピアノだけでも大丈夫です。1回聴いたら，机間指導をして，よい記述をどんどん紹介しましょう。そして確認するために再度聴くことをお勧めします。

②**ワークシート2**では，曲の冒頭で，なめらかな動きのピアノの旋律と優雅に泳ぐような美しいチェロの旋律を聴きながらなぞります。楽譜を大画面に映して，空中でなぞる方法も旋律の動きがよく分かります。クラスを分けて，ピアノグループとチェログループの動きを一緒に行うと，2つの動きが異なることが分かります。そこから，ピアノが水面を，チェロが白鳥を表していることに気付き，自分なりの理由を書きます。

③**ワークシート3**では，「白鳥」が世界中の人から愛されている理由を，よさや美しさの視点から考えて書きます。グループ内で発言して，お友達のよい考えも書き留めます。

（味府 美香）

「白鳥」のよさや美しさを見つけましょう

年　　組　名前

1 チェロとピアノの曲をきいて、自由にメモしましょう。

楽器	感じたことや気づいたこと、すてきだと思ったこと、気に入ったことなど
チェロ	
ピアノ	

2 チェロとピアノは「白鳥」と「湖」を表しています。

ヒント①：曲をききながらピアノのせんりつ（右手のパート）をなぞってみましょう。	ヒント②：曲をききながらチェロのせんりつをなぞってみましょう。

白鳥を表している楽器はどちらでしょう？
その理由を書きましょう。

チェロ　　　ピアノ

3 サン・サーンスの「白鳥」は世界中の人から愛されている曲です。どうして愛されているのか、曲のよさや美しさを考えて書きましょう。

自分の考え

お友達のすてきな考え

30 「王様の行進」と「馬のダンス」の旋律を聴き分けて楽しみましょう

💻 **授業の特徴** 「王様の行進」と「馬のダンス」の旋律を聴き分け，両方が音楽の中でどのように出てくるのかを聴き取ったり，曲の特徴に合わせて体を動かしたりしながら，曲全体を味わって聴きます。

📄 **ワークシートで身に付く主な力**
・曲想及びその変化と音楽の構造との関わりに気付く力【知】
・曲のよさを見いだし，曲全体を味わって聴く力【思判表】

🎓 **学習指導要領** B鑑賞(1)ア，イ，〔共通事項〕(1)ア

🎵 **要素** 音色，速度，旋律，反復，変化，音楽の縦と横との関係

1 学習の流れ

❶ 曲を聴いて特徴的な2つの旋律がどのように現れるかに気付きます。 ▶ ❷ 「王様の行進」と「馬のダンス」に合う動きをグループで考えます。 ▶ ❸ 音楽を聴きながら，全員で考えた動きをします。 ▶ ❹ 学んだことを生かして，「ファランドール」の紹介文を書きます。

2 曲の解説

ビゼー（フランス 1838-1875）作曲「アルルの女」第2組曲の中の1曲です。厳格な「王様の行進」と軽やかな「馬のダンス」という2つの旋律が特徴的です。2つの旋律が交互に出てきながら，最後は2つが一緒に演奏され，速度も音量も上がり盛り上がって曲は終わります。

3 準備

教材：「ファランドール」の音源，**ワークシート**を映す大画面。
研究：教師が7つ（**ワークシート■**の①〜⑦）の部分に分けて聴けるようにしておきましょう。

4 学びやすい授業づくりのポイント

①**ワークシート■**では，7つの部分に分けて，「王様の行進」か「馬のダンス」かを聴き分けます。出てくる順は①王，②馬，③王，④馬，⑤王，⑥馬，⑦王と馬の両方です。④が短いので，見失わないようにしましょう。

②**ワークシート❷**では，「王様の行進」と「馬のダンス」のグループに分かれて音楽に合った動きを考えます。それぞれ3グループずつくらいで，試してみましょう。

③**ワークシート❸**では，クラス全員が輪になって内側を向き，音楽に合わせて考えた体の動きをします。お互い見て学び合えますし，⑦では，全員が動くことを楽しみます。

④**ワークシート❹**は，話し合い活動により，全体を通して速度が速くなり，強弱が強くなっていって盛り上がる特徴に気付いてほしいワークです。

⑤**ワークシート❺**は，学んだことを生かして紹介文を書きます。ラジオのナビゲーターになったつもりで，短くよさを書き表せるようにしましょう。

(味府 美香)

「王様の行進」と「馬のダンス」の
せんりつをきき分けて楽しみましょう

年　　組　名前 _____

Ⅰ 「ファランドール」を7つに分けてきいてみましょう。①は「王様の行進」、②は「馬のダンス」です。③から⑦までをきき取ってみましょう。

①	②	③	④	⑤	⑥	⑦
王	うま					

王様からのヒント
「①をふくめて4回でてくるのじゃ」

馬からのヒント
「②をふくめて馬も4回でてくるよ～」

2 「王様の行進」と「馬のダンス」グループに分かれて、音楽に合った動きを考えましょう。

自分の担当は　　王　　馬

動きの例	動きのアイデアメモ
王様の行進　　　　　　馬のダンス　　　どうどうと歩く　　　音楽に合わせて、つくえや体の上で指を動かす	

3 「ファランドール」をききながら、考えた動きをしてみましょう。

4 全体を通してきいて、気づいたとくちょうを話し合ってみましょう。

5 ラジオの曲しょうかいのつもりで、「ファランドール」のよさを短く伝えてみましょう。

次におおくりする曲は「ファランドール」です。

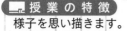

31 「山の魔王の宮殿にて」
何が起きたか考えてみましょう

📖 授業の特徴 「山の魔王の宮殿にて」を主人公になったつもりで音楽の変化を聴き取り，
様子を思い描きます。

📄 ワークシートで身に付く主な力
・曲想及びその変化と音楽の構造との関わりに気付く力【知】
・曲のよさを見いだし，曲全体を味わって聴く力【思判表】

🎓 学習指導要領 B鑑賞(1)㋐，㋑，〔共通事項〕(1)㋐

⚙ 要素 音色，速度，強弱，フレーズ，反復，変化

1 学習の流れ

❶ 4小節のフレーズが6回繰り返されるところの雰囲気や様子を想像します。

❷ 主人公になったつもりで拍にのって歩き始め，曲想の変化に気付きます。

❸ グリーグにお手紙を書くつもりで，曲のよさを言語化します。発表して学び合います。

2 曲の解説

　「ペールギュント」組曲第1番の中の4曲目の曲で，作曲はグリーグ（ノルウェー 1843-1907）です。もとはイプセンの劇のための音楽でした。主人公のペールが山の魔王の宮殿に住むトロルたちに殺されそうになる場面での音楽です。しかし，ペールは逃げることができました。

3 準備

教材：「山の魔王の宮殿にて」の音源。机無しの場合は**ワークシート**を挟んだクリップボード。
教室の環境：歩いたり走ったりできる安全なスペースで行いましょう。

4 学びやすい授業づくりのポイント

①**ワークシート❶**では，最初のホルンの音（ストップ奏法による独特な音色）から，**ワークシート**にある旋律が6回繰り返すところまでを聴き，「怖い」「不気味」などの感想を引き出します。○の付いた音は，ストップ奏法のホルンが唐突に鳴ります。「トロルがペールの様子を見ている感じがする」など，様子のヒントを伝えてもよいでしょう。

②**ワークシート❷**では，ペールになったつもりで，拍にのって歩きます。速くなるので，途中から小走りになり，速度の変化が実感できます。また，音量も強くなることが分かります。楽器は，「色々な高さの楽器が増えて魔物の種類も増えた感じ」等の変化が書けるとよいと思います。最後は全部の楽器がお休みする部分が数回あり，緊迫感があります。何が起きたのか自由に児童が想像できるようにしましょう。動き終えてから**ワークシート**の記入をします。

③**ワークシート❸**では，書いている間は繰り返し「山の魔王の宮殿にて」を流しましょう。

（酒井 美恵子）

「山の魔王の宮殿にて」何が起きたか考えてみましょう

<u>　年　　組　名前　　　　　　　　　　　　　　　</u>

１　宮殿はどんなところですか。はじめのところをききましょう。

①どんな感じがしましたか。

_____

②　〇のついた音のところで別の音が鳴ります。どのような様子だと思いますか。

２　さぁ！　宮殿に出発！　ペールになったつもりで、拍に合わせて歩きながらきいてみましょう。

①速さと強さはどのように変化していくか、感じながら動きましょう。

　　速さは　速くなった　　　おそくなった

　　強さは　強くなった　　　弱くなった

　　楽器は _____

②最後の方で、曲のふんい気が変わるところがあります。どのような様子だと思いましたか。

_____

３　「山の魔王の宮殿にて」をきいてどのような様子を思いうかべたか、作曲者のグリーグさんにお手紙を書くつもりで書きましょう。

グリーグさま

　　　　　　　　　　　　　　　　　　　　　　　より

32 「合いの手」の面白さを感じ取って聴きましょう──「ソーラン節」

授業の特徴 日本民謡の特徴である「合いの手」に着目した鑑賞の授業です。「合いの手」のよさや面白さを聴き取りましょう。

ワークシートで身に付く主な力
・曲の雰囲気と「合いの手」の特徴との関わりに気付く力【知】
・「合いの手」の表現について，聴き取ったことと感じ取ったこととの関わりについて考えながら，曲のよさを見いだし味わって聴く力【思判表】

学習指導要領 B鑑賞(1)ア，イ，〔共通事項〕(1)ア

要素 音色，リズム，拍

1 学習の流れ

❶ どのような場面で歌われるのかを考えます。 ▶ **❷** 「合いの手」を確認し，音源と一緒に歌います。 ▶ **❸** 「合いの手」が入っている理由を考えます。 ▶ **❹** 「合いの手」のよさや面白さを味わいながら聴きます。

2 準備

教材：「合いの手」が入った「ソーラン節」の音源のCDを準備します。歌い手以外の人が，民謡などに合わせて入れる言葉が「合いの手」です。事前に音源を聴いて，「合いの手」を確認しておきましょう。民謡には様々な歌い方があります。「合いの手」を複数人で歌っている音源，1人で歌っている音源，「ヤーレン ソーラン」「ヤサ エーエンヤー」などの囃子詞と「合いの手」を同じ人が歌っている音源などがあります。

3 学びやすい授業づくりのポイント

①**ワークシート❶**を使って，歌詞を見ずに，「ソーラン節」を聴き，どんな場面で歌われるのかを考えます。「ニシン」の言葉を聴き取ったり，「ソーラン」の言葉から場面を想像したりするとよいでしょう。

②**ワークシート❷**を使って，「合いの手」を聴き取ります。「ハードッコイ」「ハイハイ」「アードッコイショ ドッコイショ」などが「合いの手」であることを確認し，音源と一緒に歌います。

③②の体験をもとに，**ワークシート❸**を使って，なぜ「合いの手」があるのかを考えます。「かけあいをすることで，気持ちが盛り上げる」「みんなで声を合わせることで，一緒に頑張る気持ちが生まれる」などの答えが出てくるとよいですね。記入した内容を発表して交流しましょう。

④③で交流した内容をもとに再度鑑賞し，「合いの手」のよさや面白さを聴き取って，「ソーラン節」のよさを書きましょう。

(城 佳世)

「合いの手」の面白さを感じ取ってききましょう
── 「ソーラン節」

年　　組　名前

1 この歌は何をしている場面を表しているでしょう。○をつけましょう。

ア　お酒をつくっている場面

イ　木を切っている場面

ウ　魚をとっている場面

2 歌と歌の間では、どんな言葉を言っていますか。

3 なぜ「合いの手」を入れるのでしょうか。

4 これまでの学習を生かして、「ソーラン節」のよさを書きましょう。

中学年の聴く力の育成

① 実感を伴って聴く

　中学年の児童は，様々な音楽を形づくっている要素を聴く力が高まってきます。聴き取る対象となるのは，タッカのリズム，速度の変化，合いの手など音楽を形づくっている要素の具体的な表れですが，一度聴けば分かることも多いもの。大切なのは，音楽的な特徴について実感を伴って聴くこと，感じ取ることと結び付けながら聴き取る力を高めていくことです。

　ここでは，4年生の鑑賞の授業場面を紹介します。A─B─A形式の「カリンカ」（ロシア民謡）は，A部の速度がだんだん速くなっていくことが特徴です。まずA部を4拍子の指揮をしながら聴かせます。だんだん速くなって指揮をするのが困難になり，児童から笑いがおきてきます。教師は「みんな，ニコニコしているけど，どうしてかな？」と問いかけます。

　児童は「だって，だんだん速くなって指揮がついていけなくなる。それが面白い」といった発言が返ってきます。実感を伴って，そして感じ取ったことと結び付けて，速度の変化を聴き取っている姿です。このような学習活動は記憶に残り，活用できる力につながります。

② 見通しをもって聴く

　中学年になると，想像力も豊かになってきます。ここでいう想像力とは，場面や情景のイメージだけではなく，音楽がどのような構造になっていて，どのように表現したり，よさなどを見いだしたりするのか，といった見通しをもつことです。

　話を授業場面に戻します。Bの部分では，思い思いの動きをして，その動きと音楽的な特徴との関わりについて児童に気付かせます。その後，教師は次のように問いかけます。「次はどんな音楽がやってくると思う？」。子供たちの見通しは，大きく3つに分かれます。

　「はじめの部分がもどってくる」，「またゆったりした音楽がくる」，「新しい音楽がくる」。

　児童は，これまでの学習をふまえて，「さあて，どんな音楽がくるかな」と曲の構造について想像力を働かせて見通しをもって聴くことになります。このような力は，「曲想（及びその変化）と音楽の構造との関わり」について気付いたり理解したりする力とも関連します。

③ よく聴く習慣の育成を

　「聴く」対象には，音や音楽だけでなく教師や児童の発言など，学習に必要な情報が全て含まれます。よく聴く習慣を身に付けるためには，教師の姿がモデルになります。教師が児童の発言や表現をよく聴き，全体で共有を図りながら，適切に価値付けることが大切です。その姿から学んだ児童の聴く力は，確実に高まっていきます。

（津田 正之）

参考文献
・文部科学省（2011）『言語活動の充実に関する指導事例集【小学校版】』 事例2，髙倉弘光教諭（筑波大学附属小学校）に協力をいただいた。（https://www.mext.go.jp/a_menu/shotou/new-cs/gengo/1300868.htm）

英語の歌

33 体をタップしながら，「Head, Shoulders, Knees And Toes」を英語で歌いましょう

授業の特徴	体の様々な部分をタップしながら歌う活動を楽しみます。
ワークシートで身に付く主な力	・友達の声や伴奏を聴いて，英語の歌詞で，体をタップしながら声を合わせて歌う力【技】
学習指導要領	A表現（1）歌唱ア，イ，ウ（ウ），〔共通事項〕(1)ア
要素	リズム，速度

1 学習の流れ

❶ ワークシート■を見て，教師が英語を唱えながら体をタップし，児童が模倣します。

❷ 歌いながら旋律のリズムを手で打ちます。

❸ 歌詞の意味に沿って体の様々な箇所をタップして歌います。またWEBを視聴して体験を深めます。

❹ 慣れてきたら楽譜を見ないで少しテンポを速くして行います。

2 準備

体験：この曲を日本語で歌う体験をしておきます。日本語訳で歌うと「あーたまかたひざ　あしひざあし　あーたまかたひざ　あしひざあしに　目と耳と　口と鼻　あーたまかたひざ　あしひざあし」となります。

教材：下記ポイントの②や③で，必要に応じて使用するCDやWEBの映像教材。

3 学びやすい授業づくりのポイント

①**ワークシート■**を用いて，体の様々な箇所をかけあいのように英語で言いながら，タップします。発音や言葉のリズムを明瞭に，またタップする動作もはっきりと示しましょう。

②**ワークシート2**の楽譜を見たり必要に応じてCDや映像を活用したりしながら，旋律のリズムを打ちます。次にゆっくりの速度で歌います。特に8分音符の部分は難しいので，繰り返して行ないましょう。

③慣れてきたらまわりの人にぶつからないスペースで，体をタップしながら歌います。このとき，ゆっくり動作を確認しながら進めます。

④スムーズに行えるようになったら，少しずつ速度を上げてみましょう。

⑤ このように発展！その1 頭，肩，ひざ，つま先を部分ごとにグループに分けて，自分たちの番のときだけタップをして歌い，目，耳，口，鼻はみんなで歌います。他の人の声を聴きながら合わせて歌う力がつきます。

⑥ このように発展！その2 グループごとに速度や強弱を工夫して練習し，互いの発表を見るのも楽しい活動です。

(伊藤　仁美)

英語の歌 3年

体をタップしながら「Head, Shoulders, Knees And Toes」を英語で歌いましょう

年　　組　名前

1　先生の後に続いて、体の部分を言いながらタップしましょう。

2　英語で歌ってみましょう。

①まず、リズムを手で打ってみましょう。

②次に、ゆっくり英語で歌いましょう。

③さぁ、体をタップしながら英語で歌いましょう。

「Head, Shoulders, Knees And Toes」

作曲：不明

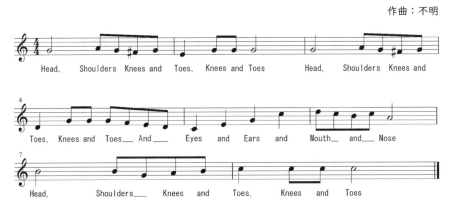

3　ふり返り　当てはまるところに ☑ をして、ひとこと感想を書きましょう。

体をタップしながら歌えた　□ (*∧ ▽ ∧*)　　　□ (*∧-∧*)　　　□ 〈〉〈〉
感想

34 「It's a Small World」の歌に親しみながら, 美しいハーモニーをつくりましょう

授業の特徴 児童に馴染みのある歌を英語で歌い, 歌詞の意味に合った音楽表現を工夫します。

ワークシートで身に付く主な力 ・ジェスチャーをつけたり, 別の旋律を聴いたりしながら, 友達と声を合わせて歌う力【技】

学習指導要領 A表現 (1) 歌唱ア, イ, ウ(ウ), 〔共通事項〕(1)ア

要素 リズム, 反復, 音楽の縦と横との関係

1 学習の流れ

❶ 教師の範唱や CD, WEB を視聴した後, 英語の発音と意味に触れ, 英語で歌えるようにします。

❷ ワークシート1にある英語に沿ったジェスチャー（動き）を考えます。

❸ グループで考えたジェスチャー（動き）をつけて, 歌えるようにします。

❹ ワークシート4の表で歌います。A部分とBの部分が重なることで生まれるハーモニーを味わいます。

2 準備

体験：「小さな世界」を日本語で歌う体験をしておきます。

教材：CD や WEB において, 原曲の音源を探しておきます。

3 学びやすい授業づくりのポイント

①**ワークシート1**①では, 教師と児童がかけあいのように英語を唱えます。教師の見本が大事な役割を果たすので, 発音や言葉のリズムを明瞭に行えるよう心がけましょう。また, ジェスチャーを考えるためにそれぞれの英語の意味を伝えてください。small（小さな）world（世界）laughter（笑い）tears（涙）hopes（希望）fear（恐怖）

②何度も CD や WEB の音源と一緒に歌い, 覚えます。Bの部分（曲の山）は伸びやかなので比較的歌いやすいですが, Aの部分はリズムが細かく旋律が跳躍するので, やや歌いにくいかもしれません。ゆっくりの速さからはじめて, 無理なく歌えるようにします。YouTube には, 速度を変化させる機能がありますので, 活用するのもよい方法です。

③**ワークシート3**では1の英単語に6グループに分かれて担当した英語にジェスチャー（動き）をつけます。手だけでなく, 体や表情も使って豊かな表現になるよう声かけをしましょう（例：laughter は "笑い" の意味なので, にっこりして手を広げて嬉しさを表す等）。

④この曲はAの部分, Bの部分（曲の山）による二部形式であり, AとBは基本的に同じコード進行（I－V－V－I－I－IV－V₇－I）です。**ワークシート4**のように, Aの部分とBの部分を重ねて歌うと, 美しいハーモニーが生まれることを感じ取りましょう。

（伊藤 仁美）

「It's a Small World」の歌に親しみながら、 美しいハーモニーをつくりましょう

年　　組　名前

1 次の英語を先生の後に続いて、リズミカルにとなえてみましょう。また、それぞれの英語の意味を、英語の下に書きましょう。

small	world	laughter	tears	hopes	fear

2 何度も英語で歌って、おぼえましょう。

3 ①6つの英語を分たんして、ジェスチャー（動き）を考えましょう。

英語		動き	

②グループで考えたジェスチャー（動き）を発表し、みんなで歌いながら動きましょう。

4 この歌は、はじめの部分（A）と、とちゅうからの部分（B）の2つの部分からなり立っています。クラスを2つのグループに分け、下の表のように重ねて歌ってみましょう。美しいハーモニーが生まれます。なれてきたら、ジェスチャーをつけて歌ってみましょう。

> 1グループ：A－A－B－B
> 2グループ：A－B－A－B

5 ジェスチャーをつけて歌ったり、2つのグループに分かれて歌ったりして、感じたことを書きましょう。

35 「Sing a Rainbow」の雰囲気に合った 振り付けを考えましょう

📖 授業の特徴 のびやかな旋律の美しい歌なので，歌詞の意味をよく理解しながら英語で歌います。曲の特徴，雰囲気を捉えた振り付けをしながら歌い，表現する意欲を育てます。

📄 ワークシートで身に付く主な力
・曲想と音楽の特徴や歌詞との関わりに気付く力【知】
・曲に合った体の動きや歌い方を考える力【思判表】

📋 学習指導要領 A表現 (1) 歌唱⑦，⑦，ウ(ア)，(イ)，〔共通事項〕(1)⑦

🧩 要素 旋律，速度，強弱

1 学習の流れ

❶ 教師の範唱やCD，WEBを視聴して，曲に対するイメージを持ちます。

❷ 歌詞に出てくる虹の7色を英語で確認し，曲の雰囲気に合った歌い方を考えます。

❸ クラス内でいくつかのグループをつくり，歌詞の意味や繰り返される歌詞，旋律のやわらかさ等を表す振り付けを考えます。

❹ グループでつくった振り付けを発表し，歌はクラス全員で歌います。

2 準備

教材：CDやWEBにおいて，原曲の音源を探しておきます。色鉛筆を各自準備します。

訳詞：赤，黄色，ピンク，緑，紫，オレンジと青／私は虹の歌を歌えるわ／あなたの瞳で聴いて／あなたの耳で聴いて／あなたが見るものすべて歌にして／私は虹の歌を歌えるわ／さあ一緒に歌いましょう。

3 学びやすい授業づくりのポイント

①教師の範唱，CDやWEB等の視聴覚教材で「Sing a Rainbow」を聴きます。**ワークシート❶**を用いながら，「Sing a Rainbow」に出てくる7色の確認をします。

②**ワークシート❷**では，歌詞に出てくる7色を教師と児童がかけあいのように唱え，児童は**ワークシート❶**の色を押さえます。教師は，発音や言葉のリズムを明瞭に発しましょう。

③次に曲のもつ雰囲気を感じ取ります。教師が訳詞を朗読して雰囲気を一層感じ取りやすくします（記入例「おだやかな気持ちになる。速さがゆったりしているから」「大切なことを伝えてくれる気持ちになる。同じ言葉がきれいな旋律で繰り返されるから」等）。

④**ワークシート❺**では，言葉の感じと旋律の流れを生かした振り付けを，各グループで考えます。**ワークシート❸**で話し合った「どのような気持ちになるか」「なぜか」を大切に，曲想を捉えた振り付けになるよう声かけをしましょう（動きの例：やさしく左右に体を動かす，繰り返す言葉を高さに応じて手を動かす等）。

⑤グループでつくった振り付けを発表します。お互いのグループのよいところを認め合います。発表するグループだけでなく，全員で歌うことで，曲への親しみを深めます。　　　（伊藤 仁美）

歌英語の／4年

「Sing a Rainbow」のふん気に合った ふりつけを考えましょう

年　　組　名前 _____

1 「Sing a Rainbow」に出てくる7つの色をぬってみましょう。

red

yellow

pink

green

purple

orange

blue

2 先生の後に続いて「Sing a Rainbow」に出てくる色を英語でとなえながら、上の色をおさえましょう。

3 この歌をきいてどのような気持ちになりましたか。それはなぜでしょうか。話し合ってみましょう。

どのような気持ち	それはなぜ

4 何度も歌い、おぼえて歌えるようにしましょう。

5 この歌のふん気に合った動きを、グループで考えましょう。

6 発表会 くふうをしたことを、みんなに伝えてから発表しましょう。みんなは、グループの動きのよさを味わいながら、歌いましょう。

くふうしたこと _____

36 山をイメージしながら「I Love the Mountains」を歌いましょう

♪♪

授業の特徴 同じリズムが繰り返され，山を登るような音楽の特徴に気付き，英語の歌詞にふさわしいポーズや振りを付けて楽しみます。

ワークシートで身に付く主な力
・曲想と音楽の構造や歌詞の内容との関わりに気付く力【知】
・曲の特徴を捉えた体の動きや歌い方を考える力【思判表】

学習指導要領 A表現 (1) 歌唱ア, イ, ウ(イ),〔共通事項〕(1)ア

要素 旋律，フレーズ，リズム

1 学習の流れ

❶ 歌いながら○の付いた音をなぞり，山を登るように音が上がっていくことに気付きます。

▶

❷ 絵を見ながら歌い，山を登りながら景色が遠くから近くに変化することに気付きます。

▶

❸ 「I love」と絵の部分のポーズをグループで考え歌いながらできるようにします。

▶

❹ 「Boom-de-ah-da Boom-de-ah-da Boom-de-ah-da Boom-de-ay」はみんなで同じ振りをし，ラストの「Boom boom boom」は「山が好き」の気持ちで動きます。

2 準備

体験：教師の範唱，CD や WEB 等の視聴覚教材で「I Love the Mountains」を英語で歌えるようにしておきます。発音や言葉のリズム，旋律に自信をもって歌えるようにしましょう。

訳詞：私は山が好き／丘が好き／花が好き／水仙の花が好き／光が暗くなった時火のそばが好き

3 学びやすい授業づくりのポイント

①**ワークシート１**①で音の高さが上がることに気付かせます。机間指導で，「山を登るみたい」などのよい記述があったら，みんなに紹介しましょう。

②**ワークシート１**②では，絵を見ながら歌います。そして，「遠くの山を登るにつれて，色々な景色が近づいてくる感じ」などが思い浮かぶようにします。

③**ワークシート１**③では，7グループでポーズを1つ考ます。例示しますと，5回出てくる「I love（両手でハート）」「山（頭の上に手で三角）」「丘（なだらかな手の斜めの動き）」「花（たくさん花が咲いているように手を開いてひらひら）」「水仙（ひとつの花を手で）」「火のそば（火にあたる感じ）」「日暮れ（お日様が沈む様子）」等です。

④**ワークシート２**に書いてある歌詞の部分では，みんなで簡単な振りを楽しみます。楽譜に例示したように歌に合わせてひざ（2拍）→手を叩く（2拍）→両手でげんこつをつくり上下にトントン（4拍）を行います。ラストは「山が好き」の気持ちで，各自好きな振りやポーズをします。

⑤ポーズや振りを練習したら，通して歌って楽しみます。

(伊藤 仁美)

歌英語の 4年

山をイメージしながら
「I Love the Mountains」を歌いましょう

年　　組　名前 _____

1　ポーズをつけて、歌いましょう。

「I Love the Mountains」　作曲：アメリカのキャンプ・ソング

I love the moun tains　I love the rolling hills　I love the flo wers

I love the da ffo dils　I love the fire___side　When all the lights are low

ひざ　ひざ　手　手　　げんこつ　　　げんこつ　　すきなところ

Boom de ah da Boom de ah da Boom de ah da Boom de ay　　Boom boom boom

①○のついた音をなぞりながら歌い、気づいたことを書きましょう。

音の高さは _____

②絵を見ながら歌いましょう。どのような様子が思いうかびましたか。

_____

③次のポーズを分たんして考えて、みんなで歌いましょう。

I love（5回出てきます。）

2　「Boom-de-ah-da Boom-de-ah-da Boom-de-ah-da Boom-de-ay」
ではみんなで同じふりをつけて楽しみ、ラストは、それぞれが「山がす
き」の気持ちですきなふりやポーズをします。

ひざタップ（2拍）→手を打つ（2拍）→げんこつ上下トントン（4拍）

→すきなふりやポーズ

コラム
音楽科の学習評価

音楽科の学習評価は，各題材において「知識・技能」「思考・判断・表現」「主体的に学習に取り組む態度」の三観点について，題材の目標及び取り扱う内容をもとに評価規準を立て，その規準に照らして児童の学習状況を評価します。ここでは，学習指導計画を立てる際に必須となる評価規準の設定の仕方について，具体例をもとに説明します。

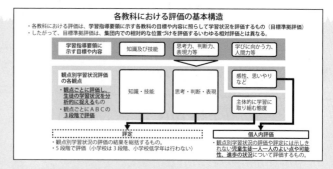

各教科における評価の基本構造

・各教科における評価は，学習指導要領に示す各教科の目標や内容に照らして学習状況を評価するもの（目標準拠評価）
・したがって，目標準拠評価は，集団内での相対的な位置づけを評価するいわゆる相対評価とは異なる

出典：国立教育政策研究所『児童生徒の学習評価のあり方について（報告）』（2018.1）6頁

○題材「曲の特徴を感じ取って歌おう」（第4学年）　内容：A表現(1)歌唱ア，イ，ウ(イ)，〔共通事項〕(1)ア
○題材の目標　※(1)「知識及び技能」，(2)「思考力，判断力，表現力等」，(3)「学びに向かう力，人間性等」に対応

(1)「とんび」の曲想と音楽の構造，曲想と歌詞の表す内容との関わりについて気付くとともに，思いや意図に合った音楽表現をするために必要な，自然で無理のない歌い方で歌う技能を身に付ける。

(2)「とんび」の旋律，フレーズ，反復，変化，呼びかけとこたえを聴き取り，それらの働きが生み出すよさや面白さ，美しさを感じ取りながら，聴き取ったことと感じ取ったこととの関わりについて考え，曲の特徴を捉えた表現を工夫し，どのように歌うのかについて思いや意図をもつ。

(3)曲の特徴を捉えて表現する学習に興味をもち，音楽活動を楽しみながら主体的・協働的に歌唱の学習活動に取り組み，日本のうたに親しむ。

○評価規準　※〔 〕は評価の観点の略記例

知識・技能	思考・判断・表現	主体的に学習に取り組む態度
〔知〕「とんび」の曲想と音楽の構造，曲想と歌詞の表す内容との関わりについて気付いている。 〔技〕思いや意図に合った音楽表現をするために必要な，自然で無理のない歌い方で歌う技能を身に付けて歌っている。	〔思〕「とんび」の旋律，フレーズ，反復，変化，呼びかけとこたえなどを聴き取り，それらの働きが生み出すよさや面白さ，美しさを感じ取りながら，聴き取ったことと感じ取ったこととの関わりについて考え，曲の特徴を捉えた表現を工夫し，どのように歌うのかについて思いや意図をもっている。	〔態〕「とんび」の曲の特徴を捉えて表現する学習に興味をもち，音楽活動を楽しみながら主体的・協働的に歌唱の学習活動に取り組んでいる。

評価規準は，題材の目標と同じような表記になりますが，目標の表記との違いは評価の観点の文末等の下線部です。「学習状況を見取る」という趣旨から「気付いている」「歌っている」「もっている」「取り組んでいる」となります。一方，目標(3)の波線部にある「日本のうたに親しむ」ことは，評価規準に照らして全員の学習状況を把握するというよりも，個人内評価として個々の子供の成長を評価することに馴染むものであるため，評価規準には示していません。なお，ここでは評価規準の設定の仕方について述べましたが，評価方法等も含めて，国立教育政策研究所（2020）『「指導と評価の一体化」のための学習評価に関する参考資料』をよく読んで理解を深めてください。

（津田 正之）

まとめ

音楽の時間のふり返り

年　　組　名前

1　音楽の時間に歌った歌で、心にのこっている歌は何ですか。曲名と理由を書きましょう。

曲名「　　　　　　　　　　　　　　　　　　　　　　　　　　　　　」

> 理由

2　リコーダーをはじめとするいろいろな楽器でえんそうした音楽の中で、心にのこっている音楽は何ですか。曲名と理由を書きましょう。

曲名「　　　　　　　　　　　　　　　　　　　　　　　　　　　　　」

> 理由

3 いろいろな音を組み合わせたり、音やフレーズをつなげたり重ねたりして音楽をつくった中で、心にのこっていることを書きましょう。

4 音楽の時間にきいた音楽で、心にのこっている音楽は何ですか。曲名と理由を書きましょう。

曲名「　　　　　　　　　　　　　　　　　　　　　　　　　」

理由

5 ４年生の音楽で、楽しみなことを書きましょう。

音楽遊び

年　　組　名前

リズム遊び

１　２びょう子、３びょう子、４びょう子の音楽をききながら歩いてみましょう。

※広いスペースがなければ指で机の上を歩いても OK です。1拍目を強く感じて歩きます（2拍子例「アビニョンの橋の上で」など、3拍子例「うみ」など、4拍子例「ふじ山」など）。

２　音楽をききながら、２びょう子の指きをしてみましょう。

３　音楽をききながら、３びょう子の指きをしてみましょう。

４　音楽をききながら、４びょう子の指きをしてみましょう。

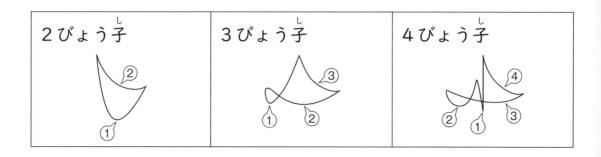

ひょう子クイズで楽しみましょう！

　お友達と向かい合って、ひょう子クイズをします。何びょう子の指きかをあてっこします。「〇びょう子！」と答えてもよいですが、ひょう子に合う音楽を、指きに合わせて口ずさむことができたら、さい高です。

せんりつクイズ

これからきく音楽が、どちらの音楽かを考えて、合っていると思う曲名を○でかこみましょう。

1曲目
「春の小川」　　　　　　　　「茶つみ」

2曲目
「うさぎ」　　　　　　　　「ふじ山」

3曲目　※クラス独自で記入　器楽曲や鑑賞曲などにもお使いください。

4曲目　※クラス独自で記入　器楽曲や鑑賞曲などにもお使いください。

楽しみましょう！

せんりつクイズできいた音楽の中から、歌ったり、えんそうしたり、味わってきいたりしましょう。

音楽の時間のふり返り

年　　組　名前

1　音楽の時間に歌った歌で、心に残っている歌は何ですか。曲名と理由を書きましょう。

曲名「　　　　　　　　　　　　　　　　　　　　　　　」

> 理由

2　リコーダーをはじめとする、いろいろな楽器でえんそうした音楽の中で、心に残っている音楽は何ですか。曲名と理由を書きましょう。

曲名「　　　　　　　　　　　　　　　　　　　　　　　」

> 理由

3 いろいろな音を組み合わせたり、音やフレーズをつなげたり重ねたりして音楽をつくった中で、心に残っていることを書きましょう。

```


```

4 音楽の時間にきいた音楽で、心に残っている音楽は何ですか。曲名と理由を書きましょう。

曲名「　　　　　　　　　　　　　　　　　　　　　　　　」

```
理由


```

5 ５年生の音楽で、楽しみなことを書きましょう。

```


```

音楽クイズ

年　　組　名前

リズムクイズ　※手拍子または、カスタネットなどの聴き取りやすい楽器で打ってください。

1　これから先生が、次のアかイのリズムを打ちます。どちらのリズムか考えて、合っていると思う方の記号を〇でかこみましょう。

※クイズの前にみんなで打ち、下にタンタンを書いてもよいなどの手立てで全員正解できるようにしましょう。

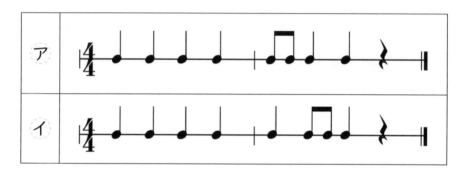

2　これから先生がリズムを打ちます。空いているはくに ♩（タン）か ♫（タタ）を書きましょう。

つないで打って楽しみましょう！

♩（タン）か ♫（タタ）で、1人4はくのリズムをつくって、みんなでつないで楽しみましょう。楽ふにしないで覚えてつなぎます。いろいろな速度や強弱で楽しみましょう。

せんりつクイズ

　これから聞く音楽が、どちらの音楽かを考えて、合っていると思う曲名を〇でかこみましょう。

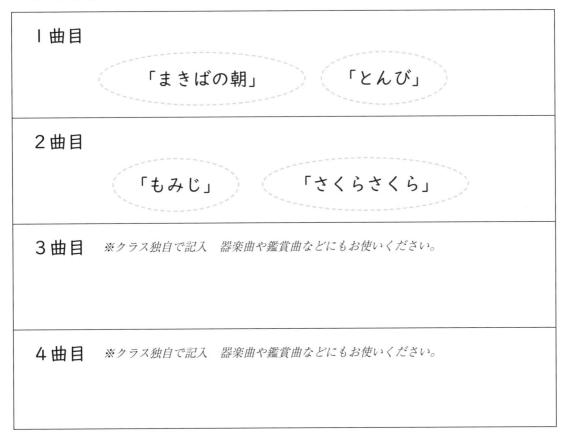

1曲目	「まきばの朝」　　「とんび」
2曲目	「もみじ」　　「さくらさくら」
3曲目	※クラス独自で記入　器楽曲や鑑賞曲などにもお使いください。
4曲目	※クラス独自で記入　器楽曲や鑑賞曲などにもお使いください。

楽しみましょう！

　せんりつクイズできいた音楽の中から、歌ったり、えんそうしたり、味わってきいたりしましょう。

【編著者紹介】

津田　正之（つだ　まさゆき）
北海道の公立小学校教諭，琉球大学准教授，文部科学省教科調査官等を経て現在，国立音楽大学教授。博士（音楽）。小学校学習指導要領解説音楽編の編集に当たる。

酒井　美恵子（さかい　みえこ）
国立音楽大学ピアノ専攻卒業。東京都の音楽科教諭及び指導主事を経て現在，国立音楽大学教授。小中学校の音楽授業に役立つ著書多数。

【執筆者一覧】

津田　正之（国立音楽大学）

酒井美恵子（国立音楽大学）

小畑　千尋（宮城教育大学）

城　　佳世（九州女子大学）

宮本　憲二（尚美学園大学）

森尻　有貴（東京学芸大学）

瀧川　　淳（熊本大学）

山中和佳子（福岡教育大学）

森　　　薫（埼玉大学）

長谷川　諒（神戸大学）

門脇早聴子（茨城大学）

味府　美香（東京成徳大学）

伊藤　仁美（国立音楽大学）

学びがグーンと充実する！
小学校音楽　授業プラン＆ワークシート　中学年

| 2020年5月初版第1刷刊　ⓒ編著者 | 津　　田　　正　　之 |
| 2023年1月初版第5刷刊 | 酒　　井　　美　恵　子 |

発行者　藤　　原　　光　　政
発行所　明治図書出版株式会社
http://www.meijitosho.co.jp
（企画）木村　悠（校正）奥野仁美
〒114-0023　東京都北区滝野川7-46-1
振替00160-5-151318　電話03(5907)6703
ご注文窓口　電話03(5907)6668

＊検印省略　　　　　組版所 長野印刷商工株式会社

Printed in Japan ISBN978-4-18-351511-7
もれなくクーポンがもらえる！読者アンケートはこちらから→